초등 문해력
향상 프로그램
어휘편

어휘 가 보여야
문해력 이 자란다

문해력 잡는
초등 어휘력

D-4 단계

• 초등 6학년 이상 •

초등교과서에 나오는 **과목별 학습개념어 총망라**

★ 문해력 183문제 수록! ★

아울북

문해력의 기본,
왜 초등 어휘력일까?

21세기 교육의 핵심은 문해력입니다. 국어 사전에 따르면, 문해력은 '문자로 된 기록을 읽고 거기 담긴 정보를 이해하는 능력'입니다. 여기에 더해 글을 비판적으로 읽고 자신만의 관점을 가지는 것 역시 문해력이지요. 그러기 위해서는 문장을 이루고 있는 어휘의 뜻을 정확히 알고, 해당 어휘가 글 속에서 어떤 역할을 하고 있는지 깨닫는 과정이 필요합니다.

초등학교 3~4학년 시절 아이들이 배우고 쓰는 어휘량은 7,000~10,000자 정도로 급격하게 늘어납니다. 그중 상당수가 한자어입니다. 그렇기에 학년이 올라가면서 교과서와 참고서, 권장 도서 들을 받아드는 아이들은 혼란스러워 합니다. 해는 태양으로, 바다는 해양으로, 세모는 삼각형으로, 셈은 연산으로 쓰는 경우가 부쩍 늘어납니다. 땅을 지형, 지층, 지상, 지면, 지각처럼 세세하게 나눠진 한자어들로 설명합니다. 분포나 소통, 생태처럼 알 듯 모를 듯한 어려운 단어들이 불쑥불쑥 등장하기 시작합니다.

우리말이니까 그냥 언젠가 이해할 수 있겠지 하며 무시하고 넘어갈 수는 없습니다. 초등학교 시절의 어휘력은 성인까지 이어지니까요. 10살 정도에 '상상하다'나 '귀중하다'와 같이 한자에서 유래한 기본적인 어휘의 습득이 마무리된다는 연구 결과를 내놓은 학자도 있습니다. 반대로 무작정 단어 뜻을 인터넷에서 검색하고 영어 단어를 외우듯이 달달 외우면 해결될까요? 당장 눈에 보이는 단어 뜻은 알 수 있지만 다른 문장, 다른 글 속에 등장한 비슷한 단어의 뜻을 유추하는 능력은 길러지지 않습니다. 문해력의 기초가 제대로 다져지지 않는다는 의미입니다.

결국 자신이 정확하게 알고 있는 단어를 통해 새로운 단어의 뜻을 짐작하며 어휘력을 확장시켜 가는 게 가장 좋습니다. 어휘력이 늘어나면 교과 개념을 정확하게 이해하고, 학습 내용도 빠르게 습득할 수 있지요. 선생님의 가르침이나 교과서 속 내용이 무슨 뜻인지 금방 알 수 있으니까요. 이 힘이 바로 문해력이 됩니다. 〈문해력 잡는 초등 어휘력〉은 어휘력 확장을 통해 문해력을 키우는 과정을 돕는 책입니다.

정춘수 기획위원

문해력 잡는 단계별 어휘 구성

〈문해력 잡는 초등 어휘력〉은 사용 빈도수가 높은 기본 어휘(씨글자)240개와 학습도구어와 교과내용어를 포함한 확장 어휘(씨낱말) 260개로 우리말 낱말 속에 담긴 단어의 다양한 뜻을 익히고 이를 통해 문해력을 키우는 프로그램입니다. 한자의 음과 뜻을 공유하는 낱말끼리 어휘 블록으로 엮어서 한자를 모르는 아이도 직관적으로 그 관계를 파악할 수 있습니다. 초등 기본 어휘와 어휘 관계, 학습도구어, 교과내용어 12,000개를 예비 단계부터 D단계까지 전 24단계로 구성해 미취학 아동부터 중학생까지 수준별 학습이 가능합니다. 어휘의 어원에 따라 자유롭게 어휘를 확장하며 다양한 문장을 구사하는 능력을 기르는 동안 문장 사이의 뜻을 파악하는 문해력은 자연스럽게 성장합니다.

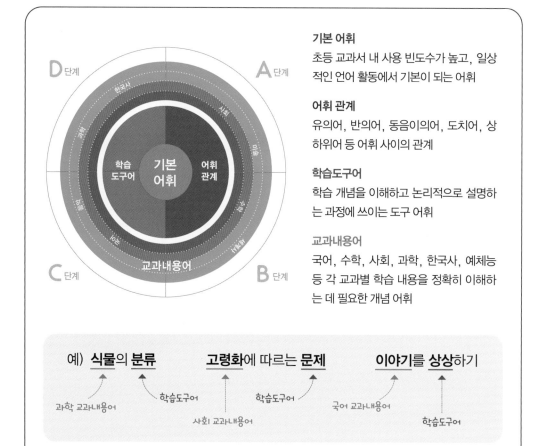

기본 어휘
초등 교과서 내 사용 빈도수가 높고, 일상적인 언어 활동에서 기본이 되는 어휘

어휘 관계
유의어, 반의어, 동음이의어, 도치어, 상하위어 등 어휘 사이의 관계

학습도구어
학습 개념을 이해하고 논리적으로 설명하는 과정에 쓰이는 도구 어휘

교과내용어
국어, 수학, 사회, 과학, 한국사, 예체능 등 각 교과별 학습 내용을 정확히 이해하는 데 필요한 개념 어휘

어휘력부터 문해력까지, 한 권으로 잡기

씨글자 | 기본 어휘

기본 어휘
하나의 씨글자를 중심으로
어휘를 확장해요.

씨낱말 | 학습도구어

확장 어휘 – 학습도구어
둘 이상의 어휘 블록을
연결하여 씨낱말을 찾고
어휘를 확장해요.

씨낱말 | 교과내용어

확장 어휘 – 교과내용어
둘 이상의 어휘 블록을
연결하여 씨낱말을 찾고
어휘를 확장해요.

어휘 퍼즐

어휘 퍼즐
어휘 퍼즐을 풀며 익힌 어휘를
다시 한번 학습해요.

종합 문제

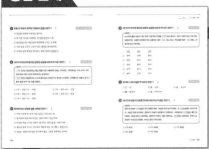

종합 문제
종합 문제를 풀며
어휘를 조합해 문장으로
넓히는 힘을 길러요.

문해력 문제

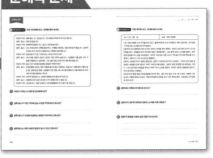

문해력 문제
여러 어휘로 이루어진 문장의 의미를
파악하고 글의 맥락을 읽어 내는
문해력을 키워요.

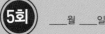

쟁반같이 둥근 원

圓 둥글 원

둥근 쟁반 위에 둥근 사과.

위 그림의 공통점은 무엇일까요? 맞아요, 둥글다는 것이지요. 둥근 것은 원(圓)이에요. 그리고 둥근 모양은 원형(圓形)이라고 해요. 그러니까 지구, 보름달, 축구공, 접시 모두 원형이지요. 원형인 것에는 어떤 게 있을까요?

축구나 야구 경기를 보러 경기장에 가 본 적이 있나요? 야구나 축구 경기장도 원형이랍니다.

우리 아빠는 **원형** 탈모예요.

원형 경기장은 원 모양으로 만든 경기장이에요. 관람석이 경기장을 둥글게 감싸고 있어야 모든 사람이 여러 각도에서 경기를 잘 구경할 수 있지요.

연극이나 콘서트 같은 공연을 하는 원형 극장도 있어요. 무대의 둘레를 관람석으로 둥글게 두른 극장이에요. 원형 극장은 주로 야외에 설치돼요.

圓	둥글 원

- **원형**(圓 形모양 형)
둥근 모양
- **원형 경기장**(圓形 競다툴 경 技재주 기 場마당 장)
원 모양으로 만든 경기장
- **원형 극장**(圓形 劇연극 극 場)
무대 둘레를 관람석으로 둥글게 두른 극장

🔔 **콜로세움**
고대 로마의 원형 경기장을 콜로세움이라고 해요. 이 경기장에서 검투사들이 다른 검투사나 사나운 야수와 격투를 벌였어요.

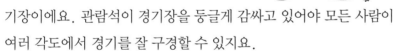

둥근 탁자는 무엇이라고 할까요? (   )

① 원고지   ② 원탁   ③ 원두막

정답은 ②번 원탁(圓卓)이에요. 원탁은 주로 회의를 할 때 쓰지요. 그런데 왜 굳이 둥근 탁자를 쓸까요? 지위의 높고 낮음을 따지지 않고 서로 평등하다는 의미로 그렇게 한답니다. 즉 높은 사람이 앉는 상석을 없애고 동등하게 앉기 위해서이지요. 원은 둥글어서 어디가 처음이고 끝인지 알 수 없으니까 원탁에 앉으면 모두가 평등하지요. 그래서 각 나라의 정상들이 회담을 할 때에 원탁을 사용해요.

다음 빈칸에 들어갈 알맞은 말은 무엇일까요? (　　)

우아, 아이들이 강강술래를 추고 있네요. 강강술래는 한가위 때 여럿이 손을 잡고 둥글게 돌면서 추는 춤이에요. 그래서 ☐☐라고 해요.

① 막춤　　　　② 댄스　　　　③ 원무

정답은 ③번이에요. 둥글게 둘러서서 추는 춤을 원무(圓舞)라고 해요. 옛날 사람들은 하늘에 둥그렇게 떠서 세상을 밝혀 주는 태양과 달을 신성하게 여겨 둥근 모양을 숭배했어요. 그래서 해와 달의 둥근 모양을 본뜬 원무를 많이 추었지요.

접시같이 둥글고 넓적하게 생긴 것은 원반이라고 해요.

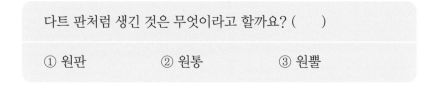

다트 판처럼 생긴 것은 무엇이라고 할까요? (　　)

① 원판　　　　② 원통　　　　③ 원뿔

정답은 ①번 원판이에요. 다트 판은 평평하고 얇은 판자로 둥글게 만들지요. 이렇게 둥근 널빤지를 원판이라고 해요.

■ **원탁**(圓 卓탁자 탁)
둥근 탁자
■ **원무**(圓 舞춤 무)
둥글게 둘러서서 추는 춤
■ **원반**(圓 盤접시 반)
접시같이 둥글고 넓적하게 생긴 것
■ **원판**(圓 板판자 판)
둥근 널빤지

🔔 **원불교**
원불교(圓 佛부처 불 教종교 교)는 원의 진리를 수행의 표본으로 삼는 종교예요. 원불교의 동그라미는 완전한 진리를 나타낸답니다. 또, 모난 데가 하나도 없는 부처의 마음을 나타내기도 해요.

■ 원주(圓 周둘레 주)
원의 둘레
■ 원(圓)기둥
둥근 통
= 원통(圓 筒통 통)
■ 원(圓)뿔
밑면은 원이고 위는 한 점으로
뾰족하게 모아지는 입체
= 원추(圓 錐송곳 추)
■ 타원(楕길고 둥글 타 圓)
옆으로 길쭉한 원
■ 타원형(楕圓形)
타원 모양
■ 동심원
(同같을 동 心중심 심 圓)
동일한 중심을 갖고 있는 둘
이상의 원

모두에게 케이크를 똑같이 나눠 주려면 어떻게 잘라야 할까요?

그렇죠, 중심을 맞춰서 자르면 돼요. 위의 그림처럼요.

케이크를 자른 선을 보면 길이가 모두 같지요? 원은 중심에서 같은 거리에 있는 무수히 많은 점들을 이은 도형이기 때문이에요.

원의 둘레를 원주(圓周)라고 해요.

원 위에 똑바로 기둥을 올리면 원기둥이 돼요. 케이크도 원기둥이죠. 원기둥은 둥근 통 모양이라서 원통(圓筒)이라고 불러요.

아이스크림 콘과 같이 밑면은 원이고 위는 한 점으로 뾰족하게 모아지는 입체는 무엇이라고 할까요? (   )

① 사슴뿔   ② 고뿔   ③ 원뿔   ④ 소뿔

네, 정답은 ③ 원뿔이에요. 밑면이 원이고 끝이 뿔처럼 생겼으니까 원뿔이지요. 다른 말로 원추(圓錐)라고 한답니다.

홀라후프를 힘주어 누르면 옆으로 길쭉해지지요?

이렇게 옆으로 길쭉한 원을 타원(楕圓)이라고 해요.

타원 모양은 타원형이지요.

활쏘기의 과녁판을 잘 보세요.

큰 원 안에 작은 원, 그 안에 또 작은 원이 그려져 있지요? 이렇게 같은 중심을 가진 둘 이상의 원을 동심원(同心圓)이라고 한답니다. 물 위에 돌을 던지면 물결이 동심원을 그리면서 퍼져 나가지요.

圓 **원만할 원**

■ **원만**(圓 滿가득할 만)
성격이 모난 데가 없이 부드럽
고 너그러움

■ **원활**(圓 滑미끄러울 활)
일이 매끄럽게 잘되어 감

■ **원숙**(圓 熟익을 숙)
인격이나 지식 따위가 무르익음

■ **원각**(圓 覺깨달을 각)
부처의 원만한 깨달음 / 완전한
깨달음

콩이가 친구들의 인기를 독차지했나 봐요. 왜 인기가 있을까요? 성격이 원만해서겠지요?

위 빈칸에 들어갈 말은 원만이에요. 원만(圓滿)은 성격이 모난 데가 없이 부드럽고 너그럽다는 말이에요. 이렇게 원(圓)은 온전하다 또는 원만하다라는 뜻으로도 쓰여요. 둥근 것은 모난 데가 없으니까 원만한 것이지요.

위 빈칸에 원활을 넣으면 어떨까요? 모난 데가 없고 원만한 것을 원활(圓滑)하다고 말하지만, 원활은 사람의 성격보다는 주로 일이 매끄럽게 잘되어 가는 것을 가리킬 때 쓰는 말이에요.

원숙(圓熟)은 인격이나 지식 따위가 무르익은 것을 뜻해요. 끝없이 돌고 도는 원은 불교에서 윤회(인생이 돌고 돈다는 뜻)의 의미를 갖지요. 부처의 깨달음은 원각(圓覺)이라고 해요. 좀 어려운가요? 일그러지거나 모난 데가 없는 원처럼 완전한 깨달음을 나타내는 말이지요.

원 형	원 탁	원 반	원 판	원 무	원 주
원 통	원 뿔	타 원	원 만	원 숙	원 각

씨글자 블록 맞추기 둥글 원

원형

원형 경기장

원형 극장

콜로세움

원탁

원무

원반

원판

원불교

원주

1 공통으로 들어갈 한자를 따라 쓰세요.

타 / 활 —— 형 극 장 —— 圓 둥글 원 —— 동 심 —— 형 / 통

2 어떤 낱말에 대한 설명인지 쓰세요.

1) 둥근 널빤지 ➜ ☐☐

2) 둥글게 둘러서서 추는 춤 ➜ ☐☐

3) 인격이나 지식 따위가 무르익음 ➜ ☐☐

4) 무대 둘레를 관람석으로 둥글게 두른 극장 ➜ ☐☐☐☐

3 알맞은 낱말을 찾아 문장을 완성하세요.

1) 야구장은 관람석이 경기장을 둥글게 감싸고 있는 ☐☐ 경기장이에요.

2) ☐☐ 에 앉아 회의를 하는 건 모두 동등하다는 의미도 있어요.

3) 정호는 성격이 모난 데가 없이 ☐☐해요.

4 문장에 어울리는 낱말을 골라 ○표 하세요.

1) 일이 매끄럽게 잘되어 나가는 걸 (원활 / 원숙)이라고 해.

2) 저 여배우는 나이가 들수록 (원숙 / 원반)함이 느껴져.

3) 동일한 중심을 가진 둘 이상의 원은 (타원 / 동심원)이야.

5 그림을 보고, 알맞은 낱말을 쓰세요.

와, 둥글게 돌아가면서 추니까 정말 신나겠다.

강강술래같이 둥글게 둘러서서 추는 춤이 □□야.

□□

6 설명에 해당하는 낱말을 글자판에서 찾아 ○표 하세요.

1) 원의 둘레

2) 부처의 깨달음

3) 둥근 통 모양, 원기둥의 다른 말

4) 원의 진리를 수행의 표본으로 삼는 종교

지	원	주	안	계
선	불	서	관	설
수	교	림	형	조
원	통	모	지	름
각	표	노	선	도

원기둥

원통

원뿔

원추

타원

타원형

동심원

원만

원활

원숙

원각

그 땅의 주인은 원주민

原
근원 원

원래 이곳 주민은 나야!

이제 이곳 주민은 나야!

비록 얼어 죽었지만, 내가 제일 먼저 살았었거든?

서로 자기가 진짜 주민이라고 주장하고 있군요.

유럽인들이 아메리카로 넘어오기 전에 원래 그곳에서 살고 있던 아메리칸인디언 같은 사람들을 무엇이라고 할까요? (   )

① 원주민   ② 외국인   ③ 원어민

정답은 ①번 원주민(原住民)이에요. 원래부터 그곳에서 살았던 사람들이라는 뜻이죠.

원어민은 원래 그 말을 쓰는 사람을 뜻해요.

'영어 원어민'이면 태어나서부터 쭉 영어를 쓰는 사람을 말하는 거죠.

어원(語原)은 말의 원래 모습, 즉 말의 근원을 뜻해요.

전 외계어 원어민이랍니다.

예를 들어 볼까요? 인터넷 신조어 '득템'은 한자어 '얻을 득(得)'과 영어 '아이템(item)'이 합쳐진 말이에요. 득템의 어원은 '아이템을 얻다'가 되는 거죠.

이런 식으로 수많은 낱말이 만들어져요.

原 근원 원

■ 원주민(原 住살 주 民백성 민)
원래 그 지역에 살고 있던 사람

■ 원어민(原 語말씀 어 民)
원래 그 언어를 쓰는 사람

■ 어원(語原)
말의 원래 모습 / 말의 근원

이렇게 대화 중 침이 튀면 자기도 모르게 세균이 상대에게 전해질 수도 있답니다. 그게 병을 일으키는 세균이라면 큰일이겠죠?
병원균(病原菌)은 병의 근원이 되는 세균이라는 뜻이에요. 줄여서 병균이라고도 하지요.

> 병에 저항하는 항체의 근원이 되는 물질은 무엇이라고 할까요? ( )
>
> ① 병원   ② 항원   ③ 소독

정답은 ②번 항원이에요. 항원은 바로 예방 접종에 쓰인답니다.
여기저기 헤매다가 원래 있던 자리로 돌아오면 '원점으로 돌아오다'라고 해요. 원점은 원래 있던 지점을 말하죠. '원점에서 시작하다'라고 하면 처음부터 시작한다는 말이에요.
복원(復原)은 부서지거나 망가진 것을 원래대로 회복한다는 뜻이에요. 원래의 상태로 돌려놓는 것이니까 원상 복구와 같은 말이죠.

> 재판을 요청한 사람을 무엇이라고 부를까요? ( )
>
> ① 피고   ② 판사   ③ 원고

정답은 ③번 원고예요. 여기서 고(告)는 피해를 당했으니 재판해 달라고 하소연하는 것을 뜻해요. 재판을 요청한 사람이 원고가 되면 재판을 당하는 사람은 피고가 되는 것이랍니다.

병원균
(病병 병 原 菌세균 균)
병의 근원이 되는 세균
= 병균(病菌)

항원(抗막을 항 原)
항체의 근원이 되는 물질

원점(原 點점 점)
원래의 지점

복원(復회복할 복 原)
원래대로 회복함

원상 복구
(原 狀상태 상 復 舊옛 구)
원래의 상태로 돌려놓음

원고(原 告하소연할 고)
재판을 요청한 사람

피고(被당할 피 告)
재판을 당하는 사람

🔔 **항체**
예방 접종을 통해 우리 몸에 '항원'을 집어넣으면 '항체'가 형성된답니다. 항체(抗 體몸 체)는 병에 저항하는, 즉 병균을 죽이거나 몸에 면역성을 주는 물질입니다.

■ **원인**(原 因이유 인)
어떤 일을 일으키는 근본이 되는 것

■ **원동력**
(原 動움직일 동 力힘 력)
어떤 움직임의 근본이 되는 힘

■ **원리**(原 理이치 리)
사물의 근본이 되는 이치

■ **원칙**(原 則법칙 칙)
근본이 되는 규칙

위 그림의 빈칸에 들어갈 말은 무엇일까요? (   )

① 원인   ② 원료   ③ 원목

정답은 ①번 원인이죠. 원인(原因)은 어떤
일을 일으키는 근본이 되는 것이에요.
어떤 움직임의 원인이 되는 힘은 원동력
(原動力)이지요. 화가 빈센트 반 고흐는
평생 정신병과 가난에 시달렸는데도 열심히
그림을 그렸답니다. 원동력은 '경제 성장의 원
동력', '창조의 원동력' 등 주로 긍정적인 표현에 많이 쓰는 말이에요.
원리(原理)는 사물의 근본이 되는 이치를 말해요. '세상이 돌아가
는 원리', '기계가 작동하는 원리'와 같이 쓰이지요.
원칙(原則)은 근본이 되는 규칙이에요.

🔔 **이런 말도 있어요**

원(原)은 들판을 뜻하기도 해요. 초원(草原)은 풀밭이 펼쳐신 들판, 설원(雪原)은 눈이
펼쳐진 들판, 고원(高原)은 높은 곳에 펼쳐진 들판이에요. '수원'이나 '원주'와 같이 도시
의 지명에 쓰이는 원(原)도 들판을 뜻해요.

■ **초원**(草풀 초 原들판 원) 풀밭이 펼쳐진 들판

■ **설원**(雪눈 설 原) 눈이 펼쳐진 들판

■ **고원**(高높을 고 原) 높은 곳에 펼쳐진 들판

삼원색

빨강, 파랑, 노랑을 삼원색, 즉 세 가지 원색이라고 해요. 원색은 다른 색과 섞이지 않은 순수한 색깔을 말하죠. 원색은 색깔이 아주 강하답니다. 그래서 원색적이라고 하면 강하고 노골적이라는 뜻이에요.

여기서 원(原)은 처음의 상태를 말해요. 그러니까 가공하거나 변화하거나 발달하지 않았다는 뜻이죠.

가공하지 않은 나무는 원목, 원목처럼 다른 물건의 재료가 되는 것은 원재료 또는 원자재이지요. 원재료는 줄여서 원료라고도 해요.

가공하지 않은 광석은 무엇이라고 할까요? (　　　)

① 돌석　　　　② 원석　　　　③ 비석

정답은 ②번 원석이에요. 다이아몬드도 가공하기 전에는 울퉁불퉁하고 광택도 나지 않는 돌일 뿐이에요. 그것을 다이아몬드 원석이라고 하지요.

사람이나 문명도 현재 이만큼 오기까지 오랜 시간이 걸렸어요. 그래서 아직 발달하지 않은, 인류가 처음 시작된 시기를 원시(原始)라고 해요. 그런 시대는 원시 시대, 그런 시대에 살던 사람은 원시인이지요. 원시인은 자기보다 수준이 낮은 문화를 가졌다고 생각되는 사람을 부르는 말이기도 해요.

原 원래대로 원

삼원색(三석 삼 原 色색깔 색)
세 가지 원색

원색(原色)
다른 색과 섞이지 않은 순수한 색

원색적(原色 的~의 적)
강렬한 색의 / 비난이나 표현 등이 노골적인

원목(原 木나무 목)
가공하지 않은 나무

원재료
(原 材재료 재 料재료 료)
다른 물건의 재료가 되는 것
= 원자재(原 資물건자 材)
= 원료(原料)

원석(原 石돌 석)
가공하지 않은 광석

원시(原 始처음 시)
아직 발달하지 않은 처음의 단계 / 인류가 처음 시작된 시기

원시 시대
(原 始 時때 시 代시대 대)
아직 문명이 발달하지않은 시대

원시인(原 始 人사람 인)
원시 시대에 살던 사람

원주민　원어민　어원　병원균　항원

원리　원상복구　원색　원동력　복원

原
근원 원

| 원주민 |
| 원어민 |
| 어원 |
| 병원균 |
| 병균 |
| 항원 |
| 원점 |
| 복원 |
| 원상 복구 |
| 원고 |
| 피고 |
| 항체 |
| 원인 |
| 원동력 |
| 원리 |

1 공통으로 들어갈 한자를 따라 쓰세요.

어 — 시 시 대 — 原 — 주 민 — 리

점   근원 **원**   인

2 어떤 낱말에 대한 설명인지 쓰세요.

1) 그 지역에 원래 살고 있던 사람들 ➜ ☐☐☐

2) 항체의 근원이 되는 물질 ➜ ☐☐

3) 어떤 일을 일으키는 근본이 되는 것 ➜ ☐☐

3 알맞은 낱말을 찾아 문장을 완성하세요.

1) 우리나라는 목재나 금속 같은 ☐☐☐ 의 수입 비중이 높습니다.

2) 우리 삶의 ☐☐☐ 은 희망과 용기입니다.

3) 어떤 말의 원래 모습 또는 근원을 ☐☐ 이라고 합니다.

4 문장에 어울리는 낱말을 골라 ○표 하세요.

1) 물건의 바탕이 되는 재료는 (원료 / 원점)(이)야.

2) 가공하지 않은 원목 같은 것을 (원자재 / 원석)(이)라고 해.

3) 태어나서부터 그 지역의 언어를 쓰는 사람을 (원어민 / 원주민)이라고 해.

5 설명을 읽고, 알맞은 낱말을 연결하세요.

1) 원래의 지점　　　•　　　　　　　　　　　• 원고

2) 원래대로 회복함　•　　　　　　　　　　　• 복원

3) 재판을 요청한 사람 •　　　　　　　　　　• 원점

6 다음과 같은 세 가지 색깔을 통틀어 무엇이라고 하는지 고르세요. (　　)

① 삼채색　　　　　　② 삼원색

③ 파레트색　　　　　④ 기본색

원칙

초원

설원

고원

삼원색

원색

원색적

원목

원재료

원자재

원료

원석

원시

원시 시대

원시인

기초가 탄탄해야 기반도 생기지

위 그림의 빈칸에 들어갈 말은 무엇일까요? (   )

① 기술   ② 백반   ③ 기반   ④ 달인

정답은 ③번 기반이에요. 기반(基盤)은 어떤 일의 기초가 되는 바탕 또는 사물의 토대가 되는 것을 말해요.

기반을 다지다, 기반을 닦다라는 말은 어떤 일을 할 여건을 만들어 놓는다는 뜻이지요.

집을 지을 때 맨 처음 흙 위에 집터를 정하고 틀을 세우죠?

기(基)는 집 전체를 밑바닥에서 떠받쳐 주는 것, 즉 토대라는 뜻이에요. 모든 일의 첫걸음이 된다는 의미를 가진 글자인 거죠.

기초(基礎)라는 말도 참 많이 쓰죠. 기초는 사물이나 건물의 밑바닥 또는 무엇을 시작할 때의 맨 처음을 뜻해요.

쯧쯧. 요즘 개구리들은 **기초** 체력이 부족해!

헥헥!

집을 지을 때에 기초 공사가 튼튼해야 한다라는 말을 하죠? 맨 처음 작업인 바닥과 뼈대를 튼튼하게 세워야 한다는 말이에요.

基 | **기초 기**

■ **기반**(基 盤밑받침 반)
어떤 일의 기초가 되는 바탕 / 사물의 토대가 되는 것

■ **기반을 다지다**
어떤 일을 할 여건을 마련하다
= 기반을 닦다

■ **기초**(基 礎주춧돌 초)
사물이나 건물의 밑바닥 / 어떤 일의 맨 처음이 되는 것

■ **기초 공사**
(基礎 工만들 공 事일 사)
건물을 지탱할 수 있도록 기반을 다지는 공사

■ **기금**(基 金돈 금)
일정한 목적을 위하여 준비하는 자금 / 특정 사업이나 행사의 경제적 기초를 이루는 재산

■ **기지**(基 地땅 지)
활동의 근거가 되는 곳이나 터전 / 주로 군대와 연관되어 보급·정비·수리 등을 할 수 있는 시설이 있는 근거지

■ **기지화**(基 地 化될 화)
기지가 아닌 곳을 기지로 만듦

■ **기점**(基 點점 점)
어떠한 것이 처음으로 일어나거나 시작되는 점이나 곳

■ **군사 기지**
(軍군대 군 事基地)
중요한 군사 시설을 갖추고 있어서 군사 활동의 근거지가 되는 곳

기금(基金)은 어떤 일을 추진할 때에 기초가 되는 돈을 말해요. 특정한 목적을 위해 경제적으로 준비하는 자금을 뜻하죠. 예를 들면, 어떤 단체를 설립하기 위해서는 그 단체가 모일 공간과 활동에 쓰일 돈이 필요하겠죠. 이 돈을 모을 때, 단체 설립 기금을 준비한다고 해요. 해마다 연말이면 '불우 이웃 돕기 기금 마련을 위한 콘서트'를 하는 가수들이 많죠? 불우 이웃 돕기에 쓸 돈을 마련하기 위한 거죠.

기지(基地)는 활동의 근거지나 어떤 목적으로 쓰이는 터전의 뜻을 가진답니다. 원래 다른 용도였던 땅을 어떤 목적을 둔 활동의 근거지로 만들 때에 기지화한다고 하지요.

기지는 주로 군대 용어로 많이 써요. 군대에 필요한 물자를 보급하고 수송을 하는 역할을 한답니다. 각 소부대와 통신을 하고 항공기나 선박을 정비하는 등 기점(基點)이 되는 곳이 바로 기지랍니다. 해군 기지, 공군 기지… 이런 것들을 통틀어 군사 기지라고 해요. 이렇게 기(基)는 터, 토대라는 뜻과 함께 어떤 것의 맨 처음, 중심이라는 뜻으로 많이 쓰여요.

🔔 **기지가 넘치다**
'기지가 넘친다'라는 말 들어 봤죠? 이때 기지(機재치 기 智지혜 지)는 재치 있게 대응하는 지혜를 말해요.
예 순간적으로 기지를 발휘하다.

- **기본**(基 本근본 본)
어떤 것의 기초와 근본

- **기본형**(基 本 形모양 형)
기본이 되는 꼴이나 형식
= 원형(原근원 원 形)

- **기간**(基 幹줄기 간)
어떤 조직이나 분야에서 가장
중심이 되는 것

- **기간 요원**
(基 幹 要중요 요 員 사람 원)
어떤 단체에서 핵심이 되는 중
요한 사람

- **기간산업**
(基 幹 産낳을 산 業일 업)
한 나라 산업의 기초가 되는 산
업. 주로 전력·철강·가스·석유
산업 등을 말함

- **기준**(基 準표준 준)
기본이 되는 표준

- **기준량**(基 準 量양 량)
기준으로 삼는 양

청개구리 학생들 때문에 선생님이 참 힘드시겠어요. 위 그림의
빈칸에 들어갈 말은 무엇일까요? (　　)

① 기본형　　　　② 의붓형　　　　③ 사촌형

정답은 ①번 기본형이에요. 기본(基本)은 어떤 것의 기초와 근본을
말해요. 그러니까 기본형은 기본이 되는 꼴이나 형식을 말하는 거
죠. 원형(原形)과 동의어예요. 예를 들어 '먹는'이라는 단어의 기본
형 또는 원형은 '먹다'가 되는 거죠.

왼쪽 그림에서, 기간 요원이라
니 말이 좀 어렵죠. 기간(基幹)
은 한 조직이나 분야에서 중심
이 되는 것을 뜻해요. 따라서
기간 요원이란 어떤 조직을 이
루는 데에 핵심이 되는 중요한
사람을 말해요. 한 나라의 기초
가 되는 산업은 기간산업이라
고 해요.

물건을 만들어 내는 공장에서는 엄격한 기준이 있어야겠죠. 기준
(基準)은 사물의 기본이 되는 표준을 뜻해요. 재료의 양을 동일하
게 해야 똑같은 제품이 나올 테니 기준량을 잘 지켜야 한답니다.

장터, 놀이터… 우리 주변에서 참 흔히 쓰이는 말들이죠? 이 '터'가 바로 기(基)와 같은 뜻으로 '~하는 곳, ~하는 자리'라는 말이에요. 앞에 붙은 말 그대로, 그것을 하는 장소를 가리키죠.

그럼 터의 뜻을 생각하면서 빈칸을 채워 볼까요?

장날에 장이 서는 곳은 장☐ ,

아이들이 놀이를 하는 곳은 놀이☐ ,

나룻배가 닿고 떠나는 곳은 나루☐ ,

죽은 사람을 화장하는 곳은 화장☐ .

아주 쉽죠? 일하는 곳은 일터, 지식이나 기술을 배우는 곳은 배움터라고 한답니다. 학교도 배움터에 속하죠.

집터가 되는 땅은 터전이라고 하고요. 집이나 건물을 지을 자리를 마련하는 걸 터를 잡다라고 해요. 그리고 무엇을 짓기 위해 기초 공사를 시작하는 것을 터를 닦다라고 하죠. 그러니까 터를 잡고, 터를 닦은 뒤에 비로소 건물이나 집을 짓게 되는 거죠.

씨글자
블록 맞추기

基 기초 기

기반
기반을 다지다
기반을 닦다
기초
기초 공사
기금
기지
기지화
기점
군사 기지
기지가 넘치다
기본
기본형
원형
기간

1 공통으로 들어갈 한자를 따라 쓰세요.

반 / 초 ― 간 요 원 ― 基 ― 본 형 ― 금 / 지

기초 **기**

2 어떤 낱말에 대한 설명인지 쓰세요.

1) 중요한 군사 시설을 갖추고 있어서 군사 활동의 근거지가 되는 곳

→ ☐☐ ☐☐

2) 죽은 사람을 화장하는 곳 → ☐☐☐

3) 지식이나 기술을 배우는 곳 → ☐☐☐

3 알맞은 낱말을 찾아 문장을 완성하세요.

1) 2개월 간 ☐☐ 반을 마친 뒤 전문가 반으로 올라가게 됩니다.

2) 이 집은 ☐☐ 공사가 아주 잘되어서 튼튼해요.

3) 철강 산업은 말할 것도 없이 우리나라의 대표적인 ☐☐☐☐

이죠.

4) 재크는 순간적인 ☐☐ 를 발휘해 나무가 무성한 그곳을 빠져나왔다.

4 문장에 어울리는 낱말을 골라 ○표 하세요.

1) (기초 공사 / 기지화)가 부실해서 벽에 금이 갔어요.

2) 어떤 단체에서 핵심이 되는 중요한 사람을 (기간산업 / 기간 요원)이라
고 해.

3) 불우 이웃 돕기 (기점 /기금)을 마련하기 위해 13명의 가수들이 모였다
고 합니다.

5 설명을 읽고, 알맞은 낱말을 연결하세요.

1) 어떤 것이 처음 일어거나 시작되는 곳　•　　　　　　• 기반

2) 일의 기초가 되는 바탕이나 사물의 토대　•　　　　• 기금

3) 일정한 목적을 추진하기 위해 필요한 돈　•　　　　• 기점

6 다음 그림에 어울리는 표현을 고르세요. (　　　)

재판도 하지 않고
바로 감옥에
가두다니…

① 기간산업에 종사하는 분이군.

② 기초 공사가 잘못된 감옥이로군.

③ 여기에 터를 잡고 오래 사셨나 보군요.

④ 기본적인 인권을 보장받지 못하고 있네.

기간 요원
기간산업
기준
기준량
장터
놀이터
나루터
화장터
일터
배움터
터전
터롤 잡다
터를 닦다

백자도 백설기도 모두 흰색

白
흴 백

그러게 말이다. 요강 치곤 좀 작네.

어이쿠, 이건 국보로 지정된 □□라고요.

요강이 왜 박물관에 있어요?

위 그림의 빈칸에 들어갈 말은 무엇일까요? (　　　)

① 청자　　　② 백자　　　③ 흑기　　　④ 흙자

정답은 ②번 백자(白瓷)예요. 흰색 흙으로 빚은 도자기이지요. 주로 조선 시대에 많이 만들어져서 조선 백자라고 하죠.

백자의 원료가 되는 하얀 흙은 백토(白土)라고도 하고, 고령토라고도 한답니다. 이처럼 백(白)은 희다라는 뜻이죠.

백설기는 시루에 쪄서 만드는 하얀 떡이에요.

그럼 고춧가루를 사용하지 않은 김치는 뭐라고 할까요?

네. 백김치이지요. 백김치는 고춧가루를 쓰지 않거나 적게 써서 허옇게 담근 김치예요. 매운 것을 잘 못 먹는 사람들을 위해서 만든 순한 맛의 김치이지요.

표백제는 옷감이나 식품의 색깔을 화학 작용에 의해 분해해서 제품을 희게 하는 데 사용하는 약제예요. 표백(漂白)은 빨아서 희게 한다는 뜻이죠.

백열전구를 본 적 있죠? 백열전구(白熱電球)는 흰빛을 내는 전구

白　흴 백

- **백자**(白 瓷사기그릇 자)
흰 흙으로 빚은 도자기
- **백토**(白 土흙 토)
흰색의 진흙
= 고령토
- **백**(白)**설기**
시루에 쪄서 만드는 하얀 떡
- **백**(白)**김치**
허옇게 담근 김치
- **표백제**(漂빨래할 표 白 劑약 제)
희게 하기 위해 쓰는 약제
- **표백**(漂白)
빨아서 희게 함
- **백열전구**(白 熱더울 열 電번개 전 球공 구)
흰빛이날 만큼 높은 열을 내는 등

■ **백두산**(白 頭머리 두 山뫼 산)
꼭대기가 흰머리 같은 산

■ **태백산**(太클 태 白山)
태백산맥에서 가장 높은 산

■ **소백산**(小작을 소 白山)
소백산맥에 위치한 산 이름

■ **백록담**
(白 鹿사슴 록 潭연못 담)
제주도 한라산 꼭대기에 있는
연못

예요. 백열전구는 유리구 속에 탄소선이나 텅스텐 으로 만든 가느다란 선을 넣고 여기에 전류를 흐르게 하여 흰빛을 내게 만든 전구예요.

백두산은 우리나라에서 가장 높은 산이에요. 꼭대기에 하얀 돌들이 있어 마치 흰머리 같다고 해서 이런 이름이 붙었죠.

태백산은 우리나라의 등뼈에 해당하는 태백산맥에서 가장 높은 산이에요. 그리고 태백산맥에서 갈려 남서쪽으로 뻗어 나간 산맥이 소백산맥인데, 소백산맥에는 소백산이 있답니다.

백록담은 제주도 한라산 꼭대기에 있는 연못으로 옛날 신선들이 흰 사슴으로 담근 술을 이곳에서 마셨다는 전설에서 유래된 이름이에요.

🔔 **이런 말도 있어요**

해가 비치고 맑게 갠 푸른 하늘을 백일청천(白日靑天)이라고 하죠. 원래는 '청천백일'에서 나온 말이에요. 이 말은 날씨를 가리킬 때도 쓰지만, 세상에 아무런 부끄럼이나 죄가 없이 결백함을 이르기도 한답니다. 여기서 백(白)은 '티 하나 없이 깨끗하다, 꾸밈없다, 밝다'라는 뜻으로 쓰여요. '희다'라는 기본 의미가 발전한 것이죠.

■ **백일청천**(白 日날 일 靑푸를 청 天하늘 천) 해가 비치고 맑게 갠 푸른 하늘 / 아무 부끄러움이나 죄가 없는 결백함

어머, 빛깔이 흰 동물들만 모아 놓은 하얀 동물원이 문을 열었네요.
털이 흰 호랑이는 백호(白虎), 털이 흰 말은 백마(白馬), 깃털이 흰
새는 백조(白鳥), 털이 흰 닭은 백계(百鷄)라고 해요.
예로부터 빛깔이 흰 동물들은 행운을 가져다준다고 해서 무척 귀하
게 여겼답니다.
하지만 본래 털 빛깔이 흰 동물이 아닌데도 이런 빛깔이 나왔다면
이는 백화(白化)에 의한 것이죠. 백화는 희게 된다는 뜻이에요.

자, 전쟁 중에 부하들이 너무 많이 다쳐 장군은 힘든 결정을 해
야 하는 상황입니다. 위 그림의 빈칸에 들어갈 알맞은 말은 무
엇일까요? (   )

① 사과   ② 청기   ③ 백기   ④ 변기

정답은 ③번 백기예요. 백기(白旗)는 흰색 깃발로, 항복한다는 의미죠.
백의민족(白衣民族)은 흰옷을 입은 민족이라는 뜻으로, 한민족을
이르는 말이죠. 대대로 우리나라 사람들이 흰옷을 즐겨 입어서 붙

■ **백호**(白 虎범 호)
흰 호랑이
■ **백마**(白 馬말 마)
흰 말
■ **백조**(白 鳥새 조)
흰 새
■ **백계**(白 鷄닭 계)
흰 닭
■ **백화**(白 化될 화)
희게 됨
■ **백기**(白 旗깃발 기)
흰 깃발로, 백기를 들면 항복한
다는 뜻
■ **백의민족**(白 衣옷 의 民백성
민 族겨레 족)
흰옷을 입은 민족 / 한민족

🔔 **백미**
백미(白 眉눈썹 미)는 '여럿 중에
가장 뛰어난 것'이라는 뜻이에
요. 삼국지에서 제갈공명의 친
구인 마량이 5형제 중 가장 뛰
어난 재주를 갖고 있었죠. 마량
의 눈썹이 흰색이었기 때문에
나온 말이랍니다.

은 말이에요.

백의종군(白衣從軍)은 벼슬 없이 군대를 따라 싸움터에 나가는 걸 말하고요. 흰옷은 꾸밈없이 수수한 옷차림이기 때문에 벼슬이나 돈에 욕심 없이 사는 것을 뜻해요.

흰머리는 ☐발,

핏기가 없고 푸른 기가 돌만큼 얼굴이 하얀 것은 창☐.

고백(告白)은 마음속에 생각하고 있는 것이나 감추어 둔 것을 사실대로 숨김없이 말하는 것이죠. 이때 백(白)은 진솔하다, 분명하다라는 뜻이죠.

영순 씨 생각에 일도 안되고 잠도 못 자겠어요.

좋아한다고 확 **고백**해 버려요.

근데 잘 될까?

 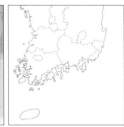

자, 왼쪽 지도는 우리가 일반적으로 볼 수 있는 지도이지요. 각종 정보들이 빼곡하게 적혀 있고요. 그에 반해 오른쪽 지도는 심심할 정도로 깨끗하네요. 이런 지도를 백지도라고 해요.

백지도(白地圖)는 지도의 윤곽이나 경계, 하천, 도시, 철길은 표시하되 글자는 쓰지 않는 지도를 말해요. 여기서 백(白)은 꾸밈이 없다라는 뜻으로 쓰였죠.

■ **백의종군**
(白衣 從따를 종 軍군대 군)
벼슬 없이 군대를 따라 싸움터에 나가는 것

■ **백발**(白 髮머리털 발)
하얗게 센 머리털

■ **창백**(蒼푸를 창 白)
핏기가 없고 푸른 기가 돌 만큼 얼굴이 하얀 것

白 **분명할 백**

■ **고백**(告알릴 고 白)
생각을 숨김없이 말함

白 **꾸밈없을 백**

■ **백지도**(白 地땅 지 圖그림 도)
대강의 땅 모양만 간단히 나타내어 필요한 내용을 그려 넣을 수 있는 지도

백자 백토 백김치 표백제 백의민족
백호 백발 백열등 백두산 백의종군

흰 백

1 공통으로 들어갈 한자를 따라 쓰세요.

토				고
호	의 종 군	白	태 산	창

흰 **백**

백자

백토

고령토

백설기

백김치

표백제

표백

백열등

백두산

태백산

소백산

백록담

백일청천

2 어떤 낱말에 대한 설명인지 쓰세요.

1) 흰색의 진흙. 고령토라고도 함 ➡ ☐☐

2) 희게하기 위해 쓰는 약제 ➡ ☐☐☐

3) 제주도 한라산 꼭대기에 있는 연못 ➡ ☐☐☐

3 알맞은 낱말을 찾아 문장을 완성하세요.

1) 털 빛깔이 하얀 호랑이는 ☐☐ 라고 해.

2) 빛깔이 하얀 도자기는 ☐☐ 야.

3) 나이가 들면 머리카락이 하얗게 세서 ☐☐ 이 돼요.

28

4 문장에 어울리는 낱말을 골라 ○표 하세요.

1) 자, 이제 그만 (백기 / 백화)를 들고 내 나라에서 떠나는 게 어때.

2) 예로부터 우리나라 사람들을 가리켜 (백의종군 / 백의민족)이라고 했지.

3) 웅장한 느낌을 주는 이 연주곡이야말로 음반의 (백미 / 백조)라고 할 수 있죠.

5 설명을 읽고, 알맞은 낱말을 연결하세요.

1) 백자를 만드는 원료가 되는 하얀 흙 •   • 표백

2) 빨아서 희게 하는 것   •   • 백열전구

3) 흰빛을 내는 전등   •   • 백토

6 다음 그림에 어울리는 표현을 고르세요. (   )

① 저 귀신은 백의종군한 거야.

② 저 귀신을 보고 백일청천했어.

③ 저 귀신은 백의민족인 것이 자랑스러운가 봐.

④ 저 귀신 때문에 사람들 얼굴이 창백해졌어.

백호
백마
백조
백계
백화
백기
백의민족
백미
백의종군
백발
창백
고백
백지도

위 그림 속에 있는 사람들이 하는 일은 무엇일까요?

그래요. 백성이나 국민들이 잘살도록 나라의 살림을 맡아 한답니다. 옛날에는 왕이 나라 살림을 했지만 요즘에는 대통령이나 수상이 나라 살림을 하지요.

나라의 살림살이를 정치(政治)라고 해요. 나라의 정사를 돌본다는 말이지요.

여기서 정(政)은 '바를 정(正)'과 '회초리로 칠 문(文)'이 합쳐진 말이에요. 잘못된 것을 바로잡기 위해 회초리를 치듯 나라를 바르게 이끈다는 말이죠.

그럼 정(政)의 뜻을 생각하면서 빈칸을 채워 낱말을 완성해 볼까요?

정치를 담당하는 사람은 □치인 또는 □지가,

같은 뜻의 정치를 하는 사람들이 모인 집단은 □당,

정치, 정치인들의 세계는 □계,

정치를 담당하는 권력은 □권,

정치에 참여할 수 있는 권리는 참□권,

정치에 관한 의견은 □견.

政　정사 정

- **정치**(政 治다스릴 치)
  나라를 다스림
- **정치인**(政治 人사람 인)
  정치를 하는 사람
  = 정치가(政治 家집 가)
- **정당**(政 黨무리 당)
  같은 뜻의 정치를 하는 사람들이 모인 집단
- **정계**(政 界세계 계)
  정치, 정치인의 세계
- **정권**(政 權권세 권)
  정치를 담당하는 권력
- **참정권**
  (參참여할 참 政權)
  정치에 참여할 수 있는 권리
- **정견**(政 見견해 견)
  정치에 관한 의견

옛날에 왕이 일찍 죽고 왕자가 아직 어리면 어떻게 했을까요? 할 수 없이 어린 왕자가 왕이 되었지요. 하지만 정치를 제대로 할 수 없으니 백성이나 신하들은 걱정이 컸어요. 이럴 때는 어린 왕의 어머니가 대신 정치를 해 주었는데, 이를 수렴청정(垂簾聽政)이라고 해요. 어린 왕 뒤에서 발을 내린 채 정사를 듣고 대신 정치를 한다는 말이랍니다.

한글을 창제한 세종 대왕은 훌륭한 왕으로 손꼽혀요. 백성이 아무 걱정 없이 잘 살 수 있게 해 주었기 때문이지요. 이런 왕은 선정(善政)을 펼쳤다라고 해요. 선정은 나라를 착하고 바르게 다스렸다는 말이에요.

그럼 선정의 반대말에는 무엇이 있을까요? 힘없는 백성을 억누르고 포악하게 다스린다는 폭정(暴政), 백성을 억누른다는 압정(壓政)이 있지요. 로마의 황제 네로가 폭정으로 유명한 왕이지요.

일제 강점기 때 우리나라는 일본의 내정 간섭에 시달렸어요. 나라 안의 정치를 내정(內政)이라고 해요.
대외 정책을 포함해 나라의 정사를 통틀어서는 국정(國政)이라고 하지요.

- **수렴청정**(垂드리울 수 簾발 렴 聽들을 청 政) 어린 왕을 대신해 왕대비나 대왕대비가 정사를 돌봄
- **선정**(善착할 선 政) 바르게 나라를 다스림
- **폭정**(暴포악할 폭 政) 포악하게 나라를 다스림
- **압정**(壓누를 압 政) 백성을 억누르며 나라를 다스림
- **내정**(內안 내 政) 한 나라 안의 정치
- **국정**(國나라 국 政) 한 나라의 정치

🔔 **정변**
정치가 크게 변하는 걸 정변(政變변할 변)이라고 하지요. 갑신년에 일어난 정치상의 큰 변동을 갑신정변이라고 한답니다.

여러분은 대한민국의 주인입니다.

여긴 내가 주인이거든?

그렇지, 내가 바로 주인이지…

나야나.

한 나라의 주인은 누구일까요? 왕일까요? 아니면 신하?

나라의 주인은 바로 백성이에요. 백성이 없다면 나라가 있을 수 없기 때문이지요. 왕과 신하는 백성을 대표해서 정치를 하는 거예요. 정치는 누가 하느냐에 따라 그 이름이 다르답니다.

왕이 정치를 하면 왕정(王政), 황제가 정치를 하면 제정(帝政), 백성이나 국민에 의한 정치는 민정(民政)이라고 해요.

백성이 주인이 되는 정치는 민주 정치(民主政治)라고 해요. 국민의 의사에 따라 하는 정치를 말해요.

국민은 대통령과 국회 의원을 뽑고, 그들이 국민을 대신해 정치를 하지요. 국회 의원이나 대통령도 법에 따라서 정치를 하게 되어 있지요. 이렇게 법에 따라 정치를 하는 것을 일러 입헌 정치(立憲政治)라고 하지요.

민주 정치의 반대는 독재 정치(獨裁政治)예요. 독재란 나라를 다스리는 지도자가 혼자 결단하고 다스리는 것을 말해요. 유대인을 무참하게 죽인 독일의 히틀러가 독재자의 대표인 셈이지요.

조선 시대에는 영의정, 좌의정, 우의정을 합해 삼정승(三政丞)이라고 불렀어요. 어느 한쪽으로 치우치지 않고 공평하게 정치를 하기 위해서 정승을 셋 두었지요.

삼정승은 의정부(議政府)에 모여 일을 했어요. 의정부는 정사를 의논하는 부서이지요. 여기서 정(政)은 정치를 실행하는 사람을 뜻해요.

- **왕정**(王임금 왕 政)
  왕이 나라를 다스림
- **제정**(帝황제 제 政)
  황제가 나라를 다스리는 정치
- **민정**(民백성 민 政)
  백성이나 국민에 의한 정치
- **민주 정치**
  (民 主주인 주 政治)
  백성이 주인이 되는 정치
- **입헌 정치**
  (立설 립 憲법 헌 政治)
  법에 따라 정치를 하는 것
- **독재 정치**
  (獨홀로 독 裁자를 재 政治)
  혼자 결정하고 다스리는 정치

政 정치인 정

- **삼정승**(三석 삼 政 丞정승 승)
  영의정, 좌의정, 우의정
- **의정부**
  (議의논할 의 政 府관청 부)
  정사를 의논하던 부서

政 살림살이 정

■ **가정**(家집 가 政)
집안의 살림살이

■ **시정**(市시장 시 政)
시의 살림살이

■ **도정**(道길 도 政)
도의 살림살이

국가만 정치를 하는 것은 아니에요. 집에서도 정치가 이루어지지요. 그래서 집안의 살림살이를 가정(家政)이라고 해요.
시의 살림살이는 시□, 도의 살림살이는 도□.

정(政)은 행정이라는 의미도 있어요.
행정(行政)이란 정치를 실행하는 것을 말해요. 세무에 관한 행정을 세정(稅政)이라고 해요.
그러면 농업에 관한 행정은 무엇이라고 할까요? 농정(農政)이라고 해요.
'우정국'이란 말을 들어 본 적 있죠? 우(郵)는 우편을 뜻하는 것으로 우정국(郵政局)은 우편물에 관한 행정을 맡아 하는 행정 기관을 말하죠.
행정 기관에서는 정치를 실행하기 위한 여러 가지 방법을 연구하는데 이렇게 해서 만들어진 방안을 정책(政策)이라고 해요.

政 행정 정

■ **행정**(行다닐 행 政)
정치나 사무를 행함

■ **세정**(稅세금 세 政)
세금에 관한 행정

■ **농정**(農농사 농 政)
농업에 관한 행정

■ **우정국**
(郵우편 우 政 局판 국)
우편 행정을 맡아보는 곳

■ **정책**(政 策꾀 책)
정치를 실행하기 위한 방법

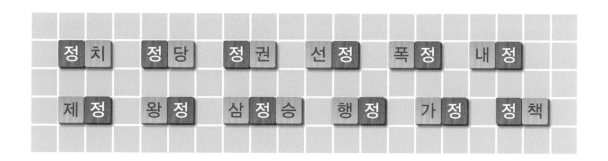

政
정사 정

| 정치 |
| 정치인 |
| 정치가 |
| 정당 |
| 정계 |
| 정권 |
| 참정권 |
| 정견 |
| 수렴청정 |
| 선정 |
| 폭정 |
| 압정 |
| 내정 |
| 국정 |
| 정변 |
| 왕정 |

1 공통으로 들어갈 한자를 따라 쓰세요.

| 압 |
| 내 |

민 주 치

政
정사 정

치 인

| 가 |
| 시 |

2 어떤 낱말에 대한 설명인지 쓰세요.

1) 정치를 하는 사람 ➡ ☐☐☐

2) 포악하게 나라를 다스림 ➡ ☐☐

3) 영의정, 좌의정, 우의정 ➡ ☐☐☐

4) 법에 따라 정치를 하는 것 ➡ ☐☐ ☐☐

3 알맞은 낱말을 찾아 문장을 완성하세요.

1) 로마의 황제 네로는 ☐☐ 으로 유명해.

2) 세종 대왕은 나라를 잘 다스려 ☐☐ 을 펼쳤어요.

3) 조선 시대와 같이 왕이 정치를 하는 것을 ☐☐ 이라고 해요.

4 문장에 어울리는 낱말을 골라 ○표 하세요.

1) 국내외 정사를 모두 통틀어 한 나라의 정치를 (국정 / 폭정)이라고 해요.

2) 국민이 정치에 참여할 수 있는 권리를 (참정권 / 수렴청정)이라고 하지요.

3) 일제 강점기에 우리나라는 일본의 (내정 / 왕정) 간섭에 시달렸어요.

5 빈칸에 들어갈 알맞은 말을 고르세요. (   )

> 독일의 지도자 히틀러는 아무 죄 없는 유대인을 무참히 죽였습니다. 이처럼 지도자가 국민의 의견을 무시하고 혼자서 마음대로 나라를 다스리는 것을 _____ 라고 합니다.

① 입법 정치   ② 군주 정지

③ 민주 정치   ④ 독재 정치

6 그림을 보고, 알맞은 낱말을 쓰세요.

제정

민정

민주 정치

입헌 정치

독재 정치

삼정승

의정부

가정

시정

도정

행정

세정

농정

우정국

정책

오고 가며 엊갈리는 교차

交 오고 갈 교

와, 잭슨 아저씨의 멋진 춤처럼 다리가 엊갈리는 모습을 본떠 교(交)라는 한자를 만들었어요.
'오고 가다, 엊갈리다'라는 뜻이지요.
자동차나 비행기 등의 탈것을 이용하여 사람이나 짐이 오고

가며 통하는 것을 교통(交通)이라고 해요.

빈칸을 채워 교(交)가 쓰인 낱말을 완성해 보세요.

교통에 이용하는 길은 □통로,

교통에 드는 비용은 □통비,

길이 이리저리 그물처럼 퍼져 있는 것은 □통망.

길이 막혀서 차가 나아가지 못하는 현상은 교통 정체라고 해요.

정체란 막혀서 나아가지 못하고 한 자리에 머물러 있는 것을 뜻하지요.

交 오고 갈 교

- **교통**(交 通통할 통)
  오고 가며 통함
- **교통로**(交 通 路길 로)
  교통에 이용하는 길
- **교통비**(交 通 費돈 비)
  교통에 드는 비용
- **교통망**(交 通 網그물 망)
  교통로가 그물처럼 퍼져 있는 것
- **교통 정체**(交 通 停머무를 정 滯막힐 체)
  길이 막혀서 차가 나아가지 못하는 현상

가로, 세로로 오고 가는 차가 뒤엉켜 교통 정체가 심하네요. 빈칸에 들어갈 말은 무엇일까요? (   )

① 항로
② 교차로

으악!
□□□가 꽉 막혔네.

네, 정답은 ②번이에요.

교차(交叉)란 두 손을 깍지 끼듯이 서로 엇갈리거나 마주치는 것을 말해요.

서로 엇갈린 길은 교차로, 서로 엇갈린 지점은 교차점이라고 하지요.

교차점

다음 낱말과 낱말의 뜻을 바르게 연결하세요.

1) 일을 차례에 따라 엇갈리면서 맡아 하는 것 •   • 교 대

2) 다른 것으로 대신하여 바꾸는 것 •   • 교 체

정답은 1) 교대, 2) 교체예요.

교대와 교체의 쓰임새를 보면 오른손과 왼손을 교대로 사용할 수 있지만, 이 둘을 교체하지는 않아요. 또 다 쓴 건전지는 새 건전지로 교체하지, 새 건전지와 교대로 사용하지 않지요.

서로 번갈아 가면서 하는 것 또는 서로 엇갈리게 맞추는 것은 교호(交互)라고 한답니다. 오른쪽 그림처럼 검정과 흰색이 엇갈린 무늬를 흑백이 교호된 무늬라고 하지요. 둘 이상의 사물이 서로 엇갈리며 영향을 미치는 작용을 교호 작용이라고 해요.

흑백이 엇갈리니 교호 무늬네!

■ **교차**(交 叉깍지 낄 차)
서로 엇갈리거나 마주치는 것

■ **교차로**(交叉路)
서로 엇갈린 길

■ **교차점**(交叉 點점 점)
서로 엇갈린 지점

■ **교대**(交 代대신할 대)
어떤 일을 차례에 따라 엇갈리며 맡아 하는 것

■ **교체**(交 替바꿀 체)
다른 것으로 대신하여 바꾸는 것

■ **교호**(交 互번갈아 할 호)
서로 번갈아 함 / 서로 엇갈리게 맞춤

■ **교호 작용**
(交互 作될 작 用통할 용)
서로 엇갈리며 영향을 미치는 작용

서로 병력을 가지고 전쟁을 하는 것을 무엇이라고 할까요?

( )

① 교전　　　　② 역전　　　　③ 승전

- 교전(交 戰싸움 전)
서로 병력을 가지고 전쟁을 함
- 교신(交 信소식 신)
우편, 전화 등으로 정보나 의견을 주고받음
- 교자상
(交 子물건 자 床상 상)
음식을 주고받으며 먹을 수 있게 차린 큰상

네, 정답은 ①번 교전이에요. 교전은 싸움을 주고받는 것이지요.
여기서 교(交)는 주고받다라는 뜻이에요.
다음 빈칸을 채워 볼까요?
우편, 전화 등으로 정보나 의견을 주고받는 것은 □신,
주고받으며 먹을 수 있게 차린 큰상은 □자상.

- 교향악
(交 響울림 향 樂음악 악)
울림이 섞여 나는 음악
= 교향곡(交 響 曲가락 곡)
- 교향악단
(交 響樂 團무리 단)
모여서 교향악을 연주하기 위해 만든 단체
- 교배(交 配짝 배)
암수 짝을 지어 새끼를 갖도록 함

주고받다 보면 섞이기 쉽겠죠? 교(交)는 섞이다라는 뜻으로도 쓰인
답니다.
울리는 소리가 서로 섞여 나는 음악을 교향악이라고 해요. 비슷한
말은 교향곡이지요. 모여서 교향악을 연주하기 위해 만든 단체는
교향악단이에요.
암수 짝을 지어 새끼를 갖도록 하는 것은 교배라고 해요.

交	사귈 교

■ **교우**(交 友벗 우)
친구를 사귐 / 친구

■ **교제**(交 際사귈 제)
사귐

■ **친교**(親친할 친 交)
친하게 사귐

■ **절교**(絕끊을 절 交)
사귐을 끊음

■ **사교**(社모일 사 交)
여러 사람이 모여서 서로 사귐

■ **국교**(國나라 국 交)
나라끼리 사귐

■ **교섭**(交 涉주고받을 섭)
서로 이야기를 주고받으며 의
논하고 절충하는 것

■ **교섭 타결**(交涉 妥온당할 타
結마칠 결)
교섭이 타당하게 마무리됨

저런, 먹을 것을 주고받으면서 사귀는 걸 보니 둘이 참 친한가 봐
요. 이런 관계를 교우 관계라고 해요.

교우(交友)란 친구를 사귀다라는 뜻이지요. 이처럼 교(交)는 '사귀
다', '관계를 맺다'라는 뜻으로도 쓰여요.

다음 빈칸을 채워 볼까요?

서로 사귀어 가까이 지내는 것은 ☐제,

친밀하게 서로 사귀는 것은 친☐,

사귀기를 그만두는 것은 절☐,

사회에서 여럿이 서로 교제하는 것은 사☐,

나라끼리 서로 관계를 맺는 것은 국☐.

서로 관계를 맺다 보면 의견이 다른 부분
을 놓고 이야기해야 할 때도 있겠죠? 이럴
때 필요한 것이 교섭이에요. 서로 의논하
고 절충하는 것이지요. 교섭이 잘 마무리
되면 교섭 타결이라고 한답니다.

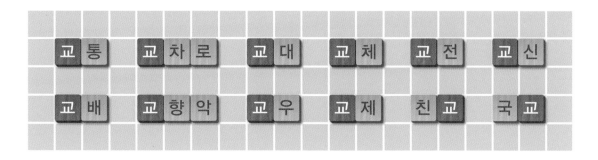

교통	교차로	교대	교체	교전	교신
교배	교향악	교우	교제	친교	국교

씨글자
블록 맞추기

오고 갈 교

교통
교통로
교통비
교통망
교통 정체
교차
교차로
교차점
교대
교체
교호
교호 작용
교전

1 공통으로 들어갈 한자를 따라 쓰세요.

국 / 배 — 통 정 체 — 交 → 통 로 — 대 / 제

오고 갈 교

2 어떤 낱말에 대한 설명인지 쓰세요.

1) 교통에 이용하는 길 → ▢▢▢

2) 다른 것으로 대신하여 바꾸는 것 → ▢▢

3) 우편, 전화 등으로 정보나 의견을 주고받는 것 → ▢▢

4) 음식을 주고받으며 먹을 수 있게 차린 큰 상 → ▢▢▢

3 알맞은 낱말을 찾아 문장을 완성하세요.

1) 토종 개와 외국산 개를 ▢▢ 하여 새로운 품종을 얻었다.

2) 성격이 밝은 철식이는 ▢▢ 관계가 좋다.

3) 회사와 근로자 간의 ▢▢ 이 타결되었다.

4 문장에 어울리는 낱말을 골라 ○표 하세요.

1) 여기는 세 방향의 길이 (교차 / 교전)하는 곳이다.

2) 은석이와 민철이는 크게 싸우고 (절교 / 국교)했다.

3) 오후 6시가 되었으니 야간 반과 (교대 / 교제)해야 해.

4) 감독은 선수가 부상을 당하자 (교체 / 교우)를 선언했다.

5 다음 그림의 상황에 어울리는 낱말을 쓰세요.

차가 오지도 가지도 못하네.

정	차	점	통
로	교	편	망
환	역	체	대

☐☐ ☐☐

6 설명을 읽고, 알맞은 낱말을 연결하세요.

1) 교통로가 그물망처럼 퍼져 있는 것 •   • 교전

2) 서로 병력을 가지고 전쟁을 하는 것 •   • 교통망

3) 암수 짝을 지어 새끼를 갖도록 하는 것 •   • 교배

4) 서로 사귀어 가까이 지내는 것 •   • 교제

교신

교자상

교향악

교향곡

교향악단

교배

교우

교제

친교

절교

사교

국교

교섭

교섭 타결

맘대로 추측하지 마세요!

몇 시인데 이제 들어오는 거니? 또 운동장에서 놀았지?

아녜요. 엄마 생신 카드 만들다가 늦었는데…

아무래도 엄마는 제가 운동장에서 놀고 있을 거라고 추측하셨나 봐요. 사실 가끔 운동장에서 놀다가 늦게 돌아온 적이 있었거든요. 엄마는 '또 운동장에서 노는군!' 하고 미루어 짐작하신 거예요.

이처럼 추측은 '밀 추(推)'와 '헤아릴 측(測)'이 합쳐진 낱말이에요. 미루어 생각한다는 뜻이지요. '미루다'라는 말은 이미 알려진 것을 통해 다른 것을 헤아린다는 뜻이랍니다.

미루어 볼 때는 추(推)

추리 소설 《셜록 홈스》의 주인공 홈스는 사건 현장에 남겨진 흔적을 근거로 범인을 추리해요. 이때 추리는 까닭이나 이치를 뜻하는 리(理)를 써요. 무조건 짐작하는 것이 아니라 어떤 사실을 바탕으로 미루어 생각하는 것이에요.

미루다는 뜻의 추(推)가 들어가는 낱말을 좀 더 알아볼까요?

비슷한 것을 근거로 미루어 추측하면 유□,

짐작으로 미루어 계산하는 것은 □산

미루어 생각하여 판정하는 것은 □정,

논리적으로 미루어 생각하는 것은 □론.

推 밀 추   測 헤아릴 측

미루어 헤아림

- **추리**(推 理이치 리)
이유나 이치를 근거로 미루어 헤아림
- **유추**(類비슷할 유 推)
같거나 비슷한 원인을 근거로 결과를 미루어 짐작함
- **추산**(推 算셀 산)
짐작으로 미루어 셈함
- **추정**(推 定정할 정)
미루어 생각하여 판정함
- **추론**(推 論논할 론)
논리적으로 미루어 생각함

그런데 추(推)는 '밀다'라는 뜻도 있어요.

시간의 흐름에 따라 사물의 상태가 변화하는 것은 ☐이,

밀고 나아가는 것은 ☐진, 밀어 천거하는 것은 ☐천이에요.

"공연 관계자 측은 이번 공연을 보러 온 관람객 수를 대략 5만 명으로 추산하고 있습니다."나 "이번 홍수로 인한 피해액이 현재까지의 추정으로 1조 5천억 원입니다. 하지만 비가 계속 내리고 있어 지금 추이로는 피해액이 더 늘어날 것으로 보입니다." 등 신문 기사에서 많이 볼 수 있어요.

헤아리고, 재는 측(測)

측(測)은 '헤아리다' 또는 '재다'라는 뜻을 가지고 있어요.

관측은 관찰하여 측정하는 것,

예측은 미리 헤아려 짐작하는 것,

> 오늘은 날이 흐려서 **관측**이 쉽지 않군!

측정은 헤아려서 정하는 것이에요.

헤아리는 것은 몇 개인지 수량을 세는 것을 뜻하기도 하고 미루어 생각하는 것도 뜻해요.

또, 기구 등을 이용해서 무엇인가 재는 것은 측량이라고 해요. 토지가 얼마나 큰지, 내린 비나 눈의 양이 얼마인지를 알아보는 것이에요.

조선 시대에 발명된 강우량을 재는 기구는 '헤아릴 측(測)'을 써서 측우기(測雨器)라고 했답니다.

■ **추이**(推 移옮길 이)
시간이 흐름에 따라 사물의 상태가 변하여 가는 길

■ **추진**(推 進나아갈 진)
앞으로 밀고 나아감

■ **추천**(推 薦천거할 천)
알맞은 사람이나 물건을 책임지고 소개함

■ **관측**(觀볼 관 測)
관찰하여 측정하는 일

■ **예측**(豫미리 예 測)
미리 헤아려 짐작함

■ **측정**(測定)
헤아려서 정함

■ **측량**(測 量양 량)
양을 잼

■ **측우기**(測 雨비 우 器그릇 기)
조선 세종 23년(1441)에 만든 세계 최초의 강우량 측정 기구

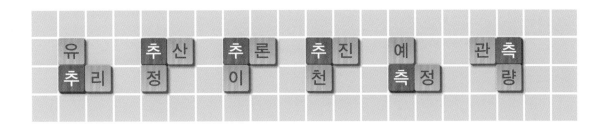

		추	산	추	론	추	진	예		관	측
유											
추	리	정		이		천		측	정		량

내 판단을 믿어!

지금부터 판결을 내리겠다!! 저 여인은 진짜 엄마가 아니라고 **판단**되는구나!

솔로몬은 지혜로운 판결로 유명해요. 한 아이를 두고 두 명의 여인이 자신의 아이라고 주장을 하자 솔로몬은 아이를 반으로 나누어 주라고 했어요. 그러자 한 여인이 아이를 죽게 하느니 엄마임을 포기하겠다고 했지요. 솔로몬은 아이를 죽게 할 수 없다고 한 여인이 진짜 엄마라는 판단을 내렸죠. 아이를 반으로 나누자는 데도 가만히 있던 여인이 가짜라는 사실이 판명난 거예요.

판단은 판가름하여 단정하는 것, 판결은 판단하여 결정하는 것, 판명은 판단하여 명백한 사실을 가리는 것을 뜻해요.

구별하고 판단할 때는 판단할 판(判)

솔로몬처럼 법원에서 누가 옳고 그른지를 판단하는 것을 재판이라고 해요. 재판에서 판결을 내리는 사람은 판사예요. 판사는 판단하는 사람이에요.

판단하는 사람을 가리키는 말에는 심판도 있어요. 심판은 심판하는 사람이나 어떤 문제를 심의하여 판단하는 것을 뜻해요.

'판단할 판(判)'이 들어가는 낱말을 더 알아볼까요?

담☐은 서로 말을 주고받아 옳고 그름을 판정하는 것,

判	斷
판가름할 판	끊을 단
판가름하여 단정함	

■ **판결**(判 決결정할 결)
시비나 선악을 판단하여 결정함

■ **판명**(判 明밝을 명)
사실이 명백하게 판가름 남

■ **재판**(裁분별할 재 判)
옳고 그름을 분별하여 판단함

■ **판사**(判 事일 사)
재판에서 판결을 내리는 사람

■ **심판**(審살필 심 判)
심판하는 사람 / 어떤 문제를 심의하여 판단하는 것

■ **담판**(談말씀 담 判)
말을 주고받아 옳고 그름을 판정함

비 ☐ 은 따져 판단하고 잘못된 점을 지적하는 것,
평 ☐ 은 세상 사람들의 평가와 판단이에요.

잘라서 끊어 버리는 단(斷)

단(斷)은 구별된 것을 잘라서
끊어 버린다는 뜻을 갖고 있어요.
단념은 생각을 끊어 버리는 것,
단언은 딱 잘라 말하는 것,
단행은 딱 잘라 실행하는 것을 말해요.
빈칸에 '끊을 단(斷)'을 넣어 낱말을 완성해 볼까요?
☐ 정은 딱 잘라 정하는 것, ☐ 식은 식사를 끊는 것,
☐ 면은 물체의 잘라 낸 면, 결 ☐ 은 결정적인 판단,
진 ☐ 은 의사가 환자를 살펴보고 질병을 판단하는 것.
단절과 절단은 모두 끊어지는 것을 뜻하지만 단절(斷絶)은 사람과
의 관계나 정신적인 면이 끊어진 것을, 절단(切斷)은 나무처럼 사
물이 끊어진 것을 말해요.

 여기서 잠깐!

운동 경기에서 '판정 시비가 붙었다'는 말을 들어 본 적 있죠? 심
판은 양 팀의 선수들이 규칙을 어겼는지 여부 또는 승부를 판정
하는데, 이때 심판의 판정이 옳은지 그른지를 놓고 따지는 일이
벌어지기도 해요.
■ 판정 시비(判 定정할 정 是옳을 시 非아닐 비) 판정의 옳고 그름을 따지는 것

■ **비판**(批따질 비 判)
따져 판단하고 잘못된 점을 지
적하는 것
■ **평판**(評평할 평 判)
세상 사람들의 평가와 판단
■ **단념**(斷 念생각 념)
품었던 생각을 끊어 버림
■ **단언**(斷 言말씀 언)
딱 잘라서 말함
■ **단행**(斷 行행할 행)
반대나 위험을 무릅쓰고 실행함
■ **단정**(斷定)
자르듯이 분명한 태도로 결정함
■ **단식**(斷 食먹을 식)
식사를 끊음
■ **단면**(斷 面낯 면)
잘라 낸 면
■ **결단**(決결정할 결 斷)
결정적인 판단
■ **진단**(診펴볼 진 斷)
의사가 환자의 병 상태를 살펴
보아 판단하는 일
■ **단절**(斷 絶벨 절)
어떤 관계나 교류를 끊음
■ **절단**(切끊을 절 斷)
자르거나 베어 끊어 냄

1 공통으로 들어갈 낱말을 쓰세요.

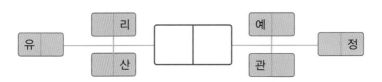

유 ─ 리 / 산 ─ ☐☐ ─ 예 / 관 ─ 정

추측

추리

유추

추산

추정

추론

추이

추진

추천

관측

예측

측정

측량

측우기

2 알맞은 낱말을 찾아 문장을 완성하세요.

1)
| 추 | 정 |
| 이 | |

이번 홍수로 인한 피해액이 현재까지 1조 5천억 원으로
☐☐ 됩니다. 지금과 같은 ☐☐로는 피해액이
더 늘어날 것으로 보입니다.

2)
| | 관 |
| 예 | 측 |

별의 이동을 ☐☐ 해 온 천문학자들이 100년 만의 우
주 대폭발을 ☐☐ 해 화제가 되고 있어.

3)
| 측 | 정 |
| 량 | |

헤아려서 정하는 것은 ☐☐, 기구 등을 이용해 무엇
인가를 재는 것은 ☐☐이야.

4)
| 추 | 진 |
| 천 | |

이번 학생회장 선거에 민혁이를 ☐☐ 하려고 해. 어떻
게 하면 선거에서 이길지 생각하고 일을 ☐☐ 해 보자.

3 문장에 어울리는 낱말을 골라 ○표 하세요.

1) 너희들끼리 여행을 간다고? 멋진 생각이다. (추산 / 추진)해 보도록 해
봐.

2) 철수가 어제 아파서 못 온 거래. 거봐! 내 (추천 / 추측)이 맞았지?

3) 명탐정 셜록 홈스는 (추리 / 추정)의 왕이야.

씨낱말 블록 맞추기

판 단

판단
판결
판명
재판
판사
심판
담판
비판
평판
단념
단언
단행
단정
단식
단면
결단
진단
단절
절단
판정 시비

1 공통으로 들어갈 낱말을 쓰세요.

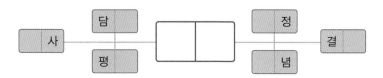

2 주어진 낱말을 넣어 문장을 완성하세요.

1) 재 판 / 사

유괴범의 죄를 가리는 ☐☐에서 판결을 내릴 ☐ ☐가 입장했어.

2) 단 언 / 념

☐☐컨대 난 절대로 이 일을 ☐☐하지 않을 거야.

3) 비 / 평 판

동네 사람들의 ☐☐을 한 몸에 받는 걸로 보아 저 사람은 결코 ☐☐이 좋지 않군.

4) 진 단 / 행

의사의 ☐☐에 따라 다이어트를 ☐☐하기로 했어.

3 문장에 어울리는 낱말을 골라 ○표 하세요.

1) 철수는 모범생이라고 (비판 / 평판)이 자자하더라!

2) 요즘은 세대 간 (단절 / 절단)로 젊은이들과 노인들 간의 대화가 힘들어요.

3) 이런 중요한 문제는 어른이 가서 (단식 / 담판)을 지어야지!

창의력을 개발할까, 계발할까?

컴퓨터가 처음 세상에 나왔을 때는 커다란 방 안을 꽉 채울 정도로 컸고 속도도 매우 느렸대요. 상상이 안 되죠? 지금처럼 컴퓨터가 발전할 수 있었던 것은 바로 기술 개발 덕분이죠. 개발은 지식이나 재능 등을 발달하게 하는 것으로 이미 있는 것을 더욱 발달·발전시키는 것을 말해요.

그럼 계발은 무슨 뜻일까요? 재능, 사상 등을 일깨워 주는 것을 말해요. 재능을 일러 주거나 가르쳐서 깨닫게 하는 것이죠.

창의력을 기른다는 의미로 개발과 계발 둘 다 사용할 수 있지만, 기술이나 경제 등을 발전·발달시킨다는 뜻으로 쓰일 때는 개발이라고 써야 해요. 기술이나 경제를 깨닫게 할 수는 없으니까요.

開	發
열 개	드러날 발

지식이나 재능 따위를 발달하게 함

■ **계발**(啓 열 계 發)
재능이나 사상 따위를 일깨워 줌

■ **개봉**(開 封 봉할 봉)
봉한 것을 떼어 냄

■ **개최**(開 催 열 최)
어떤 모임이나 행사 따위를 주최하여 엶

■ **개최국**(開催 國 나라 국)
어떤 모임이나 행사 따위를 주최하여 여는 나라

■ **개회식**(開會 式 법 식)
집회나 회합 따위를 시작할 때 행하는 의식

열려라, 개(開)와 계(啓)

개봉은 닫혀 있는 것을 여는 것을 말해요. 이때 개(開)는 '열다'라는 뜻이죠.

올림픽과 같은 행사를 주최하여 여는 것은 개최, 주최하여 여는 나라를 개최국이라고 해요. 개최국이 행사 등을 시작할 때 행하는 의식은 개회식

이지요.

'열 개(開)'가 쓰인 낱말 대신 '닫을 폐(閉)'를 쓰면 반대말이 된답니다.

> 열고 닫는 것은 개폐
> 영업을 열어 시작하는 것은 개업 ↔ 영업을 닫아 그만두는 것은
> 폐업
> 학교를 여는 것은 개교 ↔ 학교를 닫는 것은 폐교
> 회의를 여는 것은 개회 ↔ 회의를 닫고 끝내는 것은 폐회

같은 뜻이지만 다른 낱말인 '열 계(啓)'는 열어서 깨우치고 가르친다는 뜻이에요.

무식함이나 어리석음을 일깨우는 것은 계몽,

신의 뜻을 열어 인간에게 보여 주어 인간을 일깨우는 것은 계시라고 해요.

겉으로 드러낼 때는 드러날 발(發)

개발은 지식이나 재능을 발달시키는 것이고, 계발은 지식이나 재능을 일깨워 발휘하도록 하는 것이에요. 발달은 신체, 정서, 지능, 기능 등이 나타나서 어느 수준에 이르는 것, 발휘는 재주나 재능을 떨치는 것이지요.

자신의 의견을 여러 사람 앞에서 나타내는 것은 ☐표,

스스로 뜻을 드러내는 것은 자☐,

감정이나 분위기를 밖으로 드러내는 것은 ☐산.

이처럼 발(發)은 어떠한 것을 드러낸다는 뜻이랍니다.

개폐(開 閉닫을 폐**)**
열거나 닫음

개업(開 業일 업**)**
영업을 처음 시작함

개교(開 校학교 교**)**
학교를 새로 세워 처음으로 운영을 시작함

개회(開 會모일 회**)**
회의나 회합 따위를 시작함

계몽(啓 蒙어두울 몽**)**
무식함이나 어리석음을 일깨워 줌

계시(啓 示보일 시**)**
신의 뜻을 열어 보여 줌

발달(發 達통달할 달**)**
신체, 정서, 지능이 나타나서 통달한다는 뜻으로, 성장하거나 성숙함

발휘(發 揮떨칠 휘**)**
재주나 재능 따위를 떨치어 나타냄

발표(發 表겉 표**)**
어떤 사실이나 결과, 작품 따위를 세상에 널리 드러내어 알림

자발(自스스로 자 **發)**
자기 뜻을 스스로 드러냄

발산(發 散흩어질 산**)**
밖으로 나타내어 흩어짐

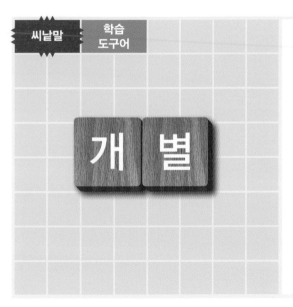

따로따로 있으면 개별!

개별 행동 하지말고 다 함께 다니세요!

네~

체험 학습을 가면 "개별 행동 하지 말고 다 함께 다녀요."라고 선생님께서 늘 말씀하시죠!

개별은 '낱 개(個)'와 '나눌 별(別)'이 모여 만들어진 낱말이에요. 여럿 중에서 따로 나뉘어 있는 상태를 뜻하는 말이지요.

그런데 말의 앞뒤 순서만 바꾼 별개는 나뉘어 있는 각각의 것이란 뜻이 돼요. 서로 관련성이 없이 서로 다르다는 것이죠.

우리는 모두 제각각, 낱 개(個)

우리는 모두 각각의 존재예요. 사회와 집단에 속해 있으면서도 이렇게 제각각의 존재인 사람을 개인이라고 해요.

각각의 개인은 개개인, 개인에 속하거나 관계되는 것을 개인적이라고 해요.

개인은 개성을 지니고 있어요. 개성은 각각의 개인이 다른 개인과 구별되는 고유한 자신만의 특성을 말해요.

전체나 집단에 상대하여 하나하나의 낱개를 개체,

하나하나의 낱낱을 각개,

여럿 가운데 한 개 한 개를 낱개라고 해요.

個 낱 개 | **別** 나눌 별

낱낱이 나뉘어 있는 상태

■ **별개**(別個)
관련성이 없이 서로 다름

■ **개인**(個 人사람 인)
낱낱의 사람

■ **개개인**(個個人)
한 사람 한 사람

■ **개인적**(個人 的과녁 적)
개인에 속하거나 관계되는 것

■ **개성**(個 性성품 성)
사람마다 지닌 남다른 특성

■ **개체**(個 體몸 체)
전체나 집단에 상대하여 하나하나의 낱개를 이르는 말

■ **각개**(各각기 각 個)
하나하나의 낱낱

■ **낱개**(個)
여럿 가운데 한 개 한 개

하나하나 나눌 때는 나눌 별(別)

하나하나 나누어 구별할 때는 '나눌 별(別)'이 쓰여요.
구별(區別)은 성질이나 종류에 따라 갈라놓는 것을 뜻해요.
비슷한 것들을 잘 나누거나 세상에 대한 바른 생각과 판단은 분 □ ,
옳고 그름, 좋고 나쁨을 판단하는 것은 변 □ ,
크게 구별하여 나누는 것은 대 □ ,
별(別)은 나누어 구별하기 때문에 결국 다름을 뜻하기도 해요.
보통과는 구별되게 아주 다른 것은 특 □ ,
다른 길, 다른 방법은 □ 도,
보통과는 다른 것은 □ 반.

구별(區 나눌 구 別)
구역에 따라 나누어 경계를 지음
분별(分 나눌 분 別)
서로 다른 일이나 사물을 구별하여 가름
변별(辨 가릴 변 別)
사물의 옳고 그름을 가려 구별함
대별(大 클 대 別)
크게 구별되어 나뉨
특별(特 특별할 특 別)
보통과 구별되게 다름
별도(別 길 도)
다른 길이나 방법
별반(別 般 일반 반)
보통과 다름
별(別)일
특별하고 이상한 일
별것(=별거)
특별하고 이상스러운 것
차별(差 다를 차 別)
등급이나 수준 따위의 차등을 두어 구별함

"어머, 별일이야!" 또는 "행복이 뭐 별거인가?"라는 말을 들어 본적 있나요?
별일은 특별하고 이상한 일, 별거는 특별하고 이상스러운 것을 말해요. 보통은 '별일 없다', '별일 아니다', '별거 없다'와 같은 표현을 많이 쓰지요.
'차이'는 서로 다르다는 뜻이지만 차별은 등급이나 수준 등을 차이두어서 구별하는 것을 뜻해요.

1 공통으로 들어갈 낱말을 쓰세요.

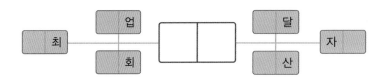

개발	
계발	
개봉	
개최	
개최국	
개회식	
개폐	
개업	
개교	
개회	
계몽	
계시	
발달	
발휘	
발표	
자발	
발산	

2 주어진 낱말을 넣어 문장을 완성하세요.

1) 자 발 / 표

이번 조별 발표 시간에는 내가 ☐☐ 적으로 ☐☐ 하기로 했어.

2) 개 업 / 교

영업을 열어 시작하는 것은 ☐☐, 학교를 여는 것은 ☐☐ 야.

3) 계 몽 / 시

무식함이나 어리석음을 일깨우는 것은 ☐☐, 신의 뜻을 열어 인간에 보여 주어 인간을 일깨우는 것은 ☐☐ 라고 해.

3 문장에 어울리는 낱말을 골라 ○표 하세요.

1) 균형 잡힌 국토 (개발 / 계발)을 해야 해.

2) 어젯밤, 신이 꿈에 나타나서 지구를 구하라는 (개최 / 계시)를 주셨어.

4 다음 낱말 중 '개'의 뜻이 <u>다른</u> 것을 고르세요. ( )

① 개봉 　　② 개발 　　③ 개업

④ 개별 　　⑤ 개폐

씨낱말
블록 맞추기

개 별

1 공통으로 들어갈 낱말을 쓰세요.

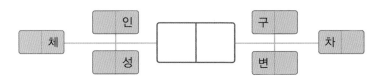

개별
별개
개인
개개인
개인적
개성
개체
각개
낱개
구별
분별
변별
대별
특별
별도
별반
별일
별것(별거)
차별

2 주어진 낱말을 넣어 문장을 완성하세요.

1) 구 / 특 별

이 소설의 뒷부분에는 ☐☐ 하고, 앞부분과 ☐ ☐ 되는 이야기가 담겨 있어.

2) 개 성 / 개 인

☐☐☐ 은 모두 저마다의 고유한 ☐☐ 을 갖고 있어.

3) 별 일 / 반

평소와 ☐☐ 다를 것 없는 일상에 ☐☐ 이 생겼어. 새로운 친구가 생겼거든.

4) 낱 개 / 체

전체나 집단에 상대하여 하나하나를 ☐☐ 라고 하고, 여럿 가운데 한 개 한 개를 ☐☐ 라고 한다.

3 문장에 어울리는 낱말을 골라 ○표 하세요.

1) 단체 여행을 가게 되면 (개별 / 별개) 행동을 삼가야 한다.

2) 예쁜 것과 착한 것은 (개별 / 별개) 문제다.

3) 엄마는 우리를 공평하게 대하시지만 할머니는 나와 오빠를 (변별 / 차별) 하셔.

말을 반대로 하면 역설이라고?

그래도 지구는 돕니다!

당신은 말도 안 되는 **역설**을 주장하고 있소!

갈릴레오 갈릴레이는 "지구가 태양 주위를 돌고 있습니다."라고 역설했답니다. 옛날에는 우주의 중심이 지구이고 다른 행성들이 지구 주위를 돈다고 생각했는데, 갈릴레이가 이러한 생각에 반대되는 이론을 주장한 것이지요.

역(逆)은 거스른다는 뜻이니 역설(逆說)은 어떤 말이나 의견에 반대되는 말이나 의견이란 뜻이 되는 거죠. '힘 력(力)'을 써 힘주어 이야기한다는 뜻의 역설(力說)과는 다른 뜻이랍니다.

반대되는 뜻을 지닌 역(逆)

낱말에 역(逆)이 있으면 주로 거스르고 반대한다는 뜻이에요.
바람은 바람인데 거꾸로 부는 말 안 듣는 바람은 ☐풍,
물 같은 것이 흐름대로 흐르지 않고 거꾸로 흐르는 것은 ☐류,
정해진 방향이나 뜻을 거슬러 반대로 나아가는 것은 ☐행,
거꾸로 차례를 세는 것은 ☐순.
역사 드라마를 보면 역(逆)이 들어간 낱말이 많이 나와요.
왕을 쫓아내고 새 나라를 세우려 일을 꾸미는 것은 역모,
역모를 저지른 사람은 역적,

逆	說
거스를 역	말씀 설
반대되는 이론이나 말이나 의견	

역풍(逆 風바람 풍)
거꾸로 부는 바람

역류(逆 流흐를 류)
물이 거꾸로 흐르는 것

역행(逆 行다닐 행)
정해진 방향 반대로 나아가는 것

역순(逆 順순할 순)
거꾸로 차례를 세는 것

역모(逆 謀꾀할 모)
왕을 쫓아내려고 일을 꾸미는 것

역적(逆 賊도둑 적)
역모를 저지른 사람

반역(反반대 반 逆)
나라, 민족, 왕을 배반하는 것

거역(拒막을 거 逆)
윗사람의 말이나 뜻을 따르지 않는 것

나라나 왕을 배반하는 것은 반역,
윗사람의 말이나 뜻을 따르지 않는
것은 거역.
역(逆)은 긍정적인 의미도
있어요. 승부가 뒤바뀔
경우이지요.
공격을 당하던 쪽이 거꾸로
상대를 공격하는 것은 역습,
경기, 전쟁 같은 것에서 유리하거나 불리하던 형편이 거꾸로 바뀌는 것은 역전.

전하, 이 괘씸한 간신배가 **역모**를 꾸몄다 합니다!

뭐라? 저 **반역**자를 중형에 처하라!

많고 많은 말과 이론을 나타내는 말씀 설(說)

설(說)은 주로 말이나 이론을 뜻해요.
말로써 밝혀 남이 잘 알아듣게 말하는 것은 ☐명,
자기주장을 넣어서 말하는 것은 ☐득,
설득은 말로 상대를 깨닫도록 하는 거예요. 이런 능력은 ☐득력이
라고 하고요.
종교의 교리를 설명하는 것이나 타일러 가르치는 것은 설교,
여러 사람 앞에서 자기 생각이나 주장을 말하는 것은 연설,
의견을 논리적으로 말하는 것은 논설,
의견을 논리적으로 주장하는 글은 논설문이지요.
어떤 사실을 설명하려고 임시로 세운 생각이나 이론은 가설,
이미 확정되어 결론이 난 생각이나 이론은 정설이라고 해요.

■ **역습**(逆 襲엄습할 습)
공격을 당하던 쪽이 거꾸로 상대를 공격하는 것

■ **역전**(逆 轉구를 전)
경기, 전쟁 따위에서 유리하거나 불리하던 형편이 거꾸로 바뀌는 것

■ **설명**(說 明밝힐 명)
알기 쉽게 밝혀서 말함

■ **설득**(說 得깨달을 득)
말로 상대를 깨닫도록 함

■ **설득력**(說得 力힘 력)

■ **설교**(說 敎가르칠 교)
종교의 교리를 설명함 / 단단히 타일러 가르침

■ **연설**(演멀리 흐를 연 說)
여러 사람 앞에서 자기 생각이나 주장을 말하는 것

■ **논설**(論의견낼 논 說)
의견을 논리적으로 말함

■ **논설문**(論說 文글 문)

■ **가설**(假가짜 가 說)
어떤 사실을 설명하려고 임시로 세운 생각이나 이론

■ **정설**(定정할 정 說)
확정되어 결론이 난 생각이나 이론

지나친 비약은 금물?

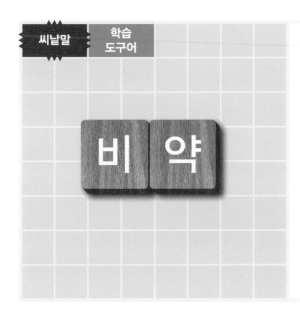

"네 말은 비약이 심해서 신뢰가 안 가."라고 말할 때가 있죠? 비약은 '날 비(飛)'와 '뛸 약(躍)'이 합쳐진 말이에요.

말을 하거나 글을 쓸 때에 그 순서나 단계를 따르지 않고 중간을 건너뛰는 것이죠. 그러니 논리적이지 못한 말이나 글이 되는 것이죠.

또 비약은 나는 듯이 높이 뛰어오름을 뜻하기도 해요.

"비약적으로 발전했다."에서 비약적은 지위나 수준 따위가 갑자기 빠른 속도로 높아지거나 향상되었다는 말이랍니다.

문장 속에서 의미가 새로워지는 말, 말, 말!

비유적으로 쓰여 더 깊은 뜻을 가지는 낱말이 있어요.

> 이 기초 문법 책의 머리말을 보면 어디에 초점을 두고 쓴 책인지 알 수 있어.

공사를 할 때 터에 처음 세우는 돌을 뜻하는 기초(基礎)는 비유적으로 어떤 것의 기본을 이루는 토대라는 뜻으로 쓰이죠.

또, 렌즈 등에서 빛이 한곳으로 모이는 점을 뜻하는 초점(焦點)은 사람들의 관심이나 주의가 모이는(집중되는) 중심 부분을 뜻한답니다.

飛　躍
날비　뛸약

높이 뛰어오르는 것 / 아주 빠르게 발전하는 것 / 말이나 글에서 차례를 건너뛰는 것

- **비약적**(飛躍 的과녁 적)
지위나 수준 따위가 갑자기 빠른 속도로 높아지거나 뛰어오름
- **기초**(基터 기 礎주춧돌 초)
건물, 다리 따위와 같은 구조물의 무게를 받치기 위하여 만든 밑받침 / 사물이나 일 따위의 기본이 되는 토대
- **초점**(焦그을릴 초 點점 점)
렌즈 등에 빛이 한곳으로 모이는 점 / 사람들의 관심이나 주의가 집중되는 사물의 중심 부분

토의를 할 때는 먼저 주제를 잘 파악해야 해. 그리고 맥락에 맞게 의견을 말해야 해.

'줄기 맥(脈)'과 '이을 락(絡)'이 합쳐져 줄기가 이어진다는 뜻의 맥락은 일이나 내용의 앞뒤를 이어 주는 흐름을 뜻하는 말로 쓰여요.

'잡을 파(把)'와 '쥘 악(握)'이 합쳐져 손에 잡아서 쥔다는 뜻의 파악은 손에 쥐고 있는 것처럼 형편이나 내용을 분명하게 아는 것을 뜻해요.

모순은 '창 모(矛)'와 '방패 순(盾)'이 쓰여 창과 방패를 뜻하지만 창과 방패의 관계를 빗대어 이야기의 앞뒤가 맞지 않는 것을 뜻하지요.

절대 뚫리지 않는 방패와 무엇이든 다 뚫어 버리는 창입니다!

그 방패로 그 창을 막으면 어찌 됩니까?

거참. 모순이로구만!

갈등은 '칡 갈(葛)'과 '등나무 등(藤)'이 쓰여 칡과 등나무를 뜻하지만 칡과 등나무가 얽히며 자라는 것에 빗대어 마음이나 의견이 맞지 않아 서로 부딪치고 맞서는 경우를 뜻한답니다.

이처럼 비유적으로 쓰인 낱말을 더 알아볼까요?

간섭은 '방패 간(干)'과 '건널 섭(涉)'이 합쳐져 방패 사이를 다닌다는 말이지만 남의 일에 쓸데없이 끼어드는 것을 뜻해요.

영향은 '그림자 영(影)'과 '메아리 향(響)'이 합쳐져 그림자와 메아리란 뜻의 말이지만 다른 사람이나 사물에게 힘이 미치는 것을 뜻한답니다.

맥락(脈줄기 맥 絡이을 락)
일이나 내용 앞뒤를 이어 주는 줄기나 흐름

파악(把잡을 파 握쥘 악)
형편, 내용 같은 것을 분명하게 아는 것

모순(矛창 모 盾방패 순)
이야기의 앞뒤가 맞지 않음

갈등(葛칡 갈 藤등나무 등)
마음이나 의견이 맞지 않아 서로 부딪치고 맞서는 것

간섭(干방패 간 涉건널 섭)
남의 일에 쓸데없이 끼어드는 것

영향(影그림자 영 響울릴 향)
다른 사람이나 사물에게 힘이 미치는 것

비	약	적		기	초	초	점	맥	락	파	악	갈	등
약						모	순	간	섭	영	향		

1 공통으로 들어갈 낱말을 쓰세요.

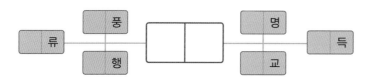

류 — 풍 / 행 — ☐☐ — 명 / 교 — 득

2 주어진 낱말을 넣어 문장을 완성하세요.

1) 역 설 / 명
반대되는 말이나 의견은 ☐☐, 알기 쉽게 밝혀서 말하는 것은 ☐☐이다.

2) 역 모 / 적
신하들 열 명이 ☐☐를 꾀하다 붙잡혔고, 이들은 역모를 저지른 도적이라 하여 ☐☐으로 불렸다.

3) 설 득 / 득 / 력
말로 상대를 깨닫도록 하는 것은 ☐☐, 이것을 잘하는 능력은 ☐☐☐이다.

4) 거 / 반 역
그들은 임금의 명령을 ☐☐하고 군사를 이끌고 궁궐로 가서 ☐☐을 일으켰다.

3 문장에 어울리는 낱말을 골라 ○표 하세요.

1] 바람은 바람인데 거꾸로 부는 바람은 (역류 / 역풍)이다.

2] 공격을 당하던 쪽이 거꾸로 상대를 공격하는 것을 (역습 / 역모)(이)라고 해.

3] 노예를 해방해야 한다는 링컨의 (연설 / 가설)은 많은 사람들에게 감명을 주었다.

4] 자기주장을 넣어서 말하는 것은 (설명 / 설득)이야.

역설
역풍
역류
역행
역순
역모
역적
반역
거역
역습
역전
설명
설득
설득력
설교
연설
논설
논설문
가설
정설

씨낱말
블록 맞추기   비 약

1 설명을 보고, 알맞은 낱말을 쓰세요.

말이나 글에서 순서나 단계를 따르지 않고 중간을
건너뛰는 것, 나는 듯이 높이 뛰어오름을 뜻하는 말   → ☐ ☐

2 [보기]를 보고, 다음 설명에 해당하는 낱말을 쓰세요.

보기	기초 맥락 갈등

1) 공사를 할 때 터에 제일 처음 세우는 돌이라는 뜻으로, 어떤 것의 기본을
이루는 토대라는 뜻으로 쓰이는 낱말은 ☐☐야.

2) 칡과 등나무가 서로 얽혔다는 뜻으로, 마음이나 의견이 맞지 않아 서로
부딪치고 맞서는 경우를 일컫는 말은 ☐☐이야.

3) 줄기가 이어진다는 뜻으로 일이나 내용의 앞과 뒤를 이어 주는 줄기나
흐름을 뜻하는 말은 ☐☐이야.

3 글을 읽고 문장에 어울리는 낱말을 골라 ○표 하세요.

1) 테레사 수녀는 많은 봉사자들에게 선한 (영향 / 간섭)을 끼쳤다.

2) 회의를 할 때는 먼저 주제를 잘 (맥락 / 파악)해야 해.

3) 지난 주 산이와 모둠 활동을 하며 (갈등 / 모순)이 깊어졌다.

4 어휘의 원래 뜻이 잘못 연결된 것을 고르세요. ( )

① 맥락 – 줄기가 이어짐   ② 갈등 – 칡과 등나무

③ 영향 – 그림자와 메아리   ④ 파악 – 손에 잡아 쥠

⑤ 간섭 – 창과 방패

비약
비약적
기초
초점
맥락
파악
모순
갈등
간섭
영향

전달하고 전파하고!

물건을 전달하는 것과 열이 전달되는 것은 어떤 차이가 있을까요? 전달은 '전할 전(傳)'과 '다다를 달(達)'이 합쳐진 말이에요. 일상에서는 물건 등을 다른 사람에게 전하는 것이지만, 과학에서는 주로 자극·신호·동력 등이 다른 기관에 전하여지는 걸 말해요.

> 이 기쁜 소식을 널리 전파하라. / 물체에서 전파가 느껴졌다.

전파는 '전할 전(傳)'과 '뿌릴 파(播)'가 합쳐져 널리 퍼뜨리는 것을 말해요. 일상에서는 소식과 같이 널리 퍼뜨린다는 뜻으로 쓰이지만, 과학에서는 파동이 공기나 물속 등을 퍼져 가는 일을 말하지요.

같은 말이지만 뜻이 다른 평소에 쓰는 말, 과학에서 쓰는 말!

발생은 '피어날 발(發)'과 '날 생(生)'이 합쳐진 말이에요. 어떤 일이 일어나거나 생기는 것을 뜻하죠.

일상에서는 "시청 앞에 화재가 발생했어!"와 같이 일이나 현상이 생기는 것을, 과학에서는 "다세포 생물의 수정의 결과 새로운 개체가 발생합니다."와 같이 어떤 생물이 수정란에서 조직과 기관을 갖춘 개체가 되는 일을 뜻해요.

傳	達
전할 전	다다를 달

남에게 전함 / 자극·신호·동력 등이 다른 기관에 전하여짐

■ **전파**(傳 播뿌릴 파)
널리 퍼뜨림 / 과학 파동이 공기나 물속 등을 퍼져 가는 일

■ **발생**(發피어날 발 生날 생)
일이나 사물이 생김 / 과학 수정란이 세포 분열을 계속하여 조직과 기관을 만들어 가는 과정

■ **작용**(作지을 작 用쓸 용)
다른 것에 영향을 끼치는 것 또는 어떤 일을 일으키는 것 / 과학 두 개의 물체가 서로 미치는 영향이나 어느 한쪽이 다른 한쪽에 미치는 영향

■ **부작용**(副버금 부 作用)
그 본래의 작용에 따라서 일어나는 다른 작용(대개 좋지 않은 경우)

다른 것에 영향을 끼치거나 어떤 일을 일으키는 것은 작용이라고 하고, 그 본래의 작용에 따라서 일어나는 다른 작용을 부작용이라고 해요.

과학에서는 두 개의 물체가 서로 미치는 영향이나 어느 한쪽이 다른 한쪽에 미치는 영향을 작용이라고 하고, 작용의 반대를 반작용이라고 해요. 반작용은 그 다른 쪽에 미치는 힘을 뜻해요.

의미만 이해하면 어렵지 않은 과학 용어

흡수는 원래 빨아들인다는 말이지만, 과학에서는 기체, 액체, 고체 내부에 빨려 들어가는 일을 말해요.

자극은 '가시 자(刺)'와 '창 극(戟)'을 써서 가시와 창처럼 찌른다는 말이에요. 그렇지만 과학에서는 외부에서 작용을 주어 생물의 감각이나 마음에 반응이 일어나게 하는 것을 뜻하지요.

적용은 쓰기에 알맞게 이용하는 것인데, 과학에서는 이론이나 원칙 같은 것을 실제에 맞추어 쓰는 것을 말해요.

장애는 막혀서 잘 되지 않는 것을 말해요. 과학에서는 부품이나 주변 기기 등이 오작동될 때에 장애라는 말을 쓰지요.

■ **반작용**(反되돌릴 반 作用)
과학 어떤 움직임에 대해 반대하는 움직임

■ **흡수**(吸빨 흡 收거둘 수)
빨아들임 / 과학 기체나 액체나 고체 내부에 빨려 들어가는 일 / 영양소나 물이 소화관 벽을 통하여 혈관 또는 림프관 속으로 들어가는 현상

■ **자극**(刺가시 자 戟창 극)
가시와 창처럼 찌름 / 과학 외부에서 작용을 주어 감각이나 마음에 반응이 일어나게 함

■ **적용**(適맞을 적 用)
쓰기에 알맞게 이용함 / 과학 이론이나 원칙 같은 것을 실제에 맞추어 씀

■ **장애**(障가로막을 장 礙막을 애)
어떠한 일이 가로막혀 잘 되지 않음 / 과학 부품이나 주변 기기 등이 오작동

확충하고 보충하고!

연습생이 늘었으니 연습실을 더 **확충**해야겠는걸.

연습실을 확충한다는 것은 무슨 뜻일까요?

확(擴)은 늘리거나 넓힌다는 뜻이고 충(充)은 채운다는 뜻이에요.

그러니까 확충은 늘리고 넓혀서 충실하게 채운다는 말이지요.

그럼 확(擴)과 충(充)이 들어간 낱말들을 살펴볼까요?

확 넓히고 확 키워라, 확(擴)!

> 이 사진 잘 안 보이니까, <u>확대</u>해 봐.
> 가게를 <u>확장</u>한 기념으로 피자를 1+1으로 드려요.

확(擴)은 무언가를 넓힌다는 의미가 있어요.

넓어지고 커지는 것은 ☐대예요. 모양이나 크기, 규모 등을 늘려서 더 크게 하는 것이죠.

작은 글자나 물체들을 크게 보이게 하는 거울이나 렌즈는 ☐대경,

소리를 키워 멀리까지 들리게 하는 기구는 ☐성기,

규모, 넓이, 범위 등을 늘려서 넓게 하는 것은 ☐장,

흩어져 널리 퍼지는 것은 ☐산.

이처럼 확(擴)은 넓히고 키운다는 말이 되지요.

擴 넓힐 확 充 채울 충

모자라는 것을 채우고 늘리고 넓혀서 든든하게 하는 것

■ **확대**(擴 大클 대)
모양이나 규모 등을 더 크게 함

■ **확대경**(擴 大 鏡거울 경)
물체가 몇 갑절 확대되어 보이는 돋보기 렌즈나 거울

■ **확성기**(擴 聲소리 성 器그릇 기)
소리를 키워 멀리까지 들리게 하는 기구

■ **확장**(擴 張크게 할 장)
규모, 넓이, 범위 등을 늘려서 넓게 하는 것

■ **확산**(擴 散흩을 산)
흩어져 널리 퍼지는 것

62

충분하고 충실하며 꽉 채워진 충(充)!

> 우리 집은 먹을 것이 <u>충분</u>해. / 사랑이 <u>충만</u>한 가정.

위의 문장에서처럼 필요한 것이 쓰고도 남을 만큼 넉넉한 것은 충분하다고 말하고, 한껏 차서 가득한 것은 충만하다고 하지요. 주로 기쁨이나 행복 같은 좋은 감정이 가득할 때 많이 쓰는 말이에요.
모자란 데 없이 꽉 차 있으면 충실,
모자람 없이 꽉 차서 마음이 만족스러우면 충족.
피가 몰려서 핏줄이나 살갗이 빨갛게 되는 경우도 있잖아요. 이때 피가 꽉 찼다고 해서 충
혈이라고 말해요.
늘 가득하면 좋겠
지만 만약 모자란다
면 어떻게 해야 하나요?
당연히 채워야지요.
모자라는 것을 보태어 채우는
것은 보충, 밧데리가 떨어진 것을 다시 전기에 연결해 채우는
것은 충전, 충전하는 기계는 충전기,
모자란 사람의 수를 다시 채우는 것은 충원,
모자라는 돈이나 물건을 모자란 만큼 채워 넣으면 충당.

엄마, 이것 봐!
밤새 공부했더니 눈이
충혈됐어!

충분(充 分나눌 분)
필요한 것이 쓰고도 남을 만큼 넉넉함

충만(充 滿찰 만)
가득 참

충실(充 實열매 실)
내용이 알차고 단단함

충족(充 足발 족)
모자람 없이 꽉 차서 마음에 드는 것

충혈(充 血피 혈)
피가 몰려 핏줄이나 살갗이 빨갛게 되는 것

보충(補 보충할 보 充)
모자라는 것을 보태어 채움

충전(充 電번개 전)
전지에 전기를 채워 넣는 것

충전기(充電器)
전기를 채우는 도구

충원(充 員인원 원)
한 단체나 집단에 모자란 사람의 수를 다시 채움

충당(充 當마땅 당)
돈이나 물건을 모자란 만큼 채워 넣음

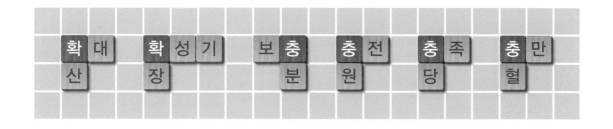

확대 확성기 보충 충전 충족 충만
산 장 분 원 당 혈

1 설명을 보고, 알맞은 낱말을 쓰세요.

1) 일상에서 물건 등을 다른 사람에게 전하는 말 → ☐☐

2) 과학에서 자극·신호·동력 등이 다른 기관에 전해지는 것 → ☐☐

2 주어진 낱말을 넣어 문장을 완성하세요.

1) 흡 수   ☐☐ 는 원래 빨아들인다는 말이에요.
기체, 액체, 고체에 빨려 들어가는 일도 ☐☐ 라고 하지요.

2) 장 애   교통사고를 당해서 다리에 ☐☐ 를 가지게 되었다.
통신 기기에 ☐☐ 가 생겨서 작업이 지연되었다.

3) 부 작 용   약을 너무 많이 먹어서 ☐☐☐ 이 생겼어.

3 문장에 어울리는 낱말을 골라 ○표 하세요.

1) 외부에서 작용을 주어 감각이나 마음에 반응이 일어나게 하는 건 (자극 / 발생)이에요.

2) 이론, 원칙 같은 것을 현실에 맞추어 쓰는 것은 (작용 / 적용)이에요.

3) 이 영양제는 가루로 되어 있어서 체내에 (장애 / 흡수)가 잘 돼.

4) 택배 기사님, 이 물건 깨지지 않게 (전파 / 전달)해 주세요!

전달

전파

발생

작용

부작용

반작용

흡수

자극

적용

장애

1 공통으로 들어갈 낱말을 쓰세요.

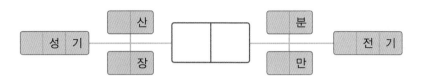

2 주어진 낱말을 넣어 문장을 완성하세요.

1) 확 대
    장

이 사진 잘 안 보이니까 ☐☐ 해 봐.

가게를 ☐☐ 한 기념으로 피자를 1+1로 드려요.

2)   보
    확 충

연습생이 늘었으니 연습실을 더 ☐☐ 해야겠는걸.

가창력이 부족하니 좀 더 연습해 ☐☐ 하도록 해라.

3) 충 분
    만

우리 집은 먹을 것이 ☐☐ 해.

그는 사랑이 ☐☐ 한 가정을 꿈꾸었다.

4) 충 당
    원

아이돌 콘서트 티켓 값이 모자라네. 세뱃돈으로 ☐☐ 해야겠군.

콘서트에 필요한 자원 봉사자를 ☐☐ 해야겠어.

3 문장에 어울리는 낱말을 골라 ○표 하세요.

1) 소풍이 끝나자 선생님이 (확성기 / 확대경)(으)로 흩어진 아이들을 불러 모았다.

2) 하루 종일 게임만 했더니 눈이 (충전 / 충혈)되었다.

3) 의식주가 (충족 / 충원)되지 않으면 사람답게 살 수가 없다.

4) 우리 반 반장은 언제나 맡은 일에 (충족 / 충실)하였다.

5) 영재반 인원을 두 명 더 (충원 / 충만)할 계획입니다.

확충
확대
확대경
확성기
확장
확산
충분
충만
충실
충족
충혈
보충
충전
충전기
충원
충당

언 어

'아'는 언어가 아니고 '아야!'는 언어라고?

뜻이 통하게 말을 해! **언어**를 쓰라고!

우리는 자신의 생각이나 느낌을 나타내거나 전달하기 위해 말이나 글을 사용해요. 이 말을 하기 위한 소리 체계, 글을 쓰기 위한 문자 체계를 모두 언어라고 해요. 우리가 '언어'라고 쓰고 '[어:너]'라고 읽는 것이 모두 언어인 것이죠!

그런데 입으로 내는 소리가 모두 언어인 것은 아니에요. 언어는 의미를 가진 것이어야 해요. 언어는 생각, 느낌 등을 나타내거나 전달하는 데에 쓰는 음성, 문자 따위의 수단이지요.

말씀 언(言)이 들어가는 낱말

> 며칠 전 오빠와 언쟁을 벌였어요. 오빠가 늘 언행에 조심하라
> 며 언성을 높였어요.

언쟁은 말다툼이고, 언행은 말과 행동을 아울러 이르는 말로, 언동이라고도 해요. 화가 나면 목소리가 커지죠? 언성은 말하는 목소리예요. '말씀 언(言)'이 들어가는 낱말을 더 알아볼까요?

어떤 일에 대하여 말하는 것은 ☐급,

말로 한 약속은 ☐약,

言 말씀 언	語 말씀 어

자신의 생각이나 느낌을 나타내거나 전달하기 위해 쓰는 말이나 글

■ **언쟁**(言 爭다툴 쟁)
말다툼

■ **언행**(言 行행할 행)
말과 행동을 아울러 이르는 말
= 언동(言 動움직일 동)

■ **언성**(言 聲소리 성)
말하는 목소리

■ **언급**(言 及미칠 급)
어떤 일에 대하여 말하는 것

■ **언약**(言 約맺을 약)
말로 한 약속

■ **격언**(格격식 격 言)
인생의 교훈이나 가르침을 간결하게 표현한 말

■ **명언**(名이름 명 言)
이름난 훌륭한 말

인생의 교훈이나 가르침을 간결하게 표현한 말은 격□,

모두 고개를 끄덕이는 이름난 훌륭한 말은 명□,

듣기에는 거슬리지만 도움이 되는 말은 고□, 쓴소리예요.

덧붙여 하는 말은 부□,

정상을 벗어난 망령된 말은 망□,

널리 펴서 말하는 것은 선□.

말씀 어(語) 자가 들어가는 낱말

국어는 한 나라의 국민이 쓰는 말이에요. 말을 할 때에는 어법에 맞게 말해야 해요. 어법은 말의 법칙이에요. 또 어순에도 맞아야 해요. 어순은 말의 순서예요.

말의 느낌은 □감,

말을 하는 버릇이나 본새는 □투,

말의 가락은 □조.

김치의 어원은 뭘까요? 어원은 어떤 말이 생겨난 근원이에요.

나누어서 홀로 쓰일 수 있는 말의 가장 작은 단위는 단어, 말의 기본이 되는 가장 작은 낱말이지요.

일정한 분야에서 주로 사용하는 말은 용어, 익숙해진 말은 숙어예요.

- **고언**(苦쓸 고 言) 듣기에는 거슬리지만 도움이 되는 말 = 쓴소리
- **부언**(附붙을 부 言) 덧붙여 하는 말
- **망언**(妄망령될 망 言) 정상을 벗어난 망령된 말
- **선언**(宣베풀 선 言) 널리 펴서 말하는 것
- **국어**(國나라 국 語) 한 나라의 국민이 쓰는 말
- **어법**(語 法법 법)
- **어순**(語 順순서 순)
- **어감**(語 感느낄 감)
- **어투**(語 套씌울 투)
- **어조**(語 調고를 조)
- **어원**(語 源근원 원) 어떤 말이 생겨난 근원
- **단어**(單기본 단 語) 나누어서 홀로 쓰일 수 있는 말의 가장 작은 단위 = 낱말
- **용어**(用쓸 용 語) 일정한 분야에서 주로 사용하는 말
- **숙어**(熟익을 숙 語) 익숙해진 말

우리 마을 지명에도 뜻이 있어

지 명

저도 잡혀 와서 몰라요. 흑흑!

이곳의 **지명**은 어떻게 되나요?

부모님이 지어 주신 우리 이름에는 좋은 뜻이 담겨 있지요? 마찬가지로, 우리가 살고 있는 마을, 지역, 산과 강 등의 이름인 지명에도 모두 뜻이 있어요. 지명은 '땅 지(地)'와 '이름 명(名)'이 합쳐진 말이에요.

지명은 보통 그 지역의 산, 계곡, 강 등 대표적인 자연환경과 관련 지어 정했어요.

산, 계곡과 관련된 이름들

가까이에 산이 있는 곳은 '뫼 산(山)' 자가 들어가는 이름을 많이 지어요.

용 같은 모습의 산이라는 뜻의 용☐,

나무가 없는 벌거숭이 산이라는 뜻으로 '대머리 독(禿)'을 써서 독☐,

어금니바위가 있는 산이라고 해서 '어금니 아(牙)'를 써서 아☐.

이름 끝에 '뫼 산(山)'을 붙여 만든 진짜 산의 이름도 있어요.

서울과 의정부에 맞닿아 있는 도봉산처럼요.

주위에 물이 흐르는 계곡이나 시내가 있다면 덕계, 석계처럼 '시내 계(溪)'를 붙여 이름을 짓기도 했어요.

地 땅 지	名 이름 명

마을이나 지방, 산이나 강, 지역 등의 이름

■ **용산**(龍용 용 山뫼 산)
용 같은 모습의 산이란 뜻의 지명

■ **독산**(禿대머리 독 山)
나무가 없는 벌거숭이 산이란 뜻의 지명

■ **아산**(牙어금니 아 山)
어금니 바위가 있는 산이란 뜻의 지명

■ **도봉산**(道길 도 峯봉우리 봉 山)

■ **덕계**(德큰 덕 溪시내 계)

■ **석계**(石돌 석 溪)

월계는 달이 밝게 비치는 시냇물이라는 뜻의 이름이에요.

물과 관련된 이름들

물과 관련된 글자가 들어간 지명도 많아요. 먼저 '물 수(水)'가 들어
간 지명들이에요.

물이 많은 고을이란 뜻의 □원,

흘러내리는 물이 맑고 깨끗해서 붙여진 석□,

옛날 서울의 어느 한 지역에서 따뜻한 물이 나왔대요. 그래서 붙여
진 이름이 온□,

물을 뜻하는 '내 천(川)' 자를 사용한 이름도 있어요.

인주 이씨 성이 모여 사는 고을이라는 데서 '어질 인(仁)'과 물 가까
이 있다 해서 '내 천(川)'을 넣어 인□,

동쪽에서 흐르는 하천이 머리를 동쪽으로 두르고 있다는 데서 이름
붙여진 동두□,

두 갈래로 흐르던 하천이 하
나로 합쳐지는 모습이 마치
사슴의 뿔 모양과 비슷하다
고 해서 이름 붙여진 녹□
이 있어요.

평택은 '못 택(澤)' 자예요. 연못이 많아서 이름 붙여진 것이지요.

강이나 바닷가 근처에 있는 곳들로, 예전에는 이곳에 배가 드나들
던 포구도 있었던 자리는 군포, 영등포, 제물포처럼 물이 드나드는
곳이라는 뜻의 포(浦) 자를 붙이기도 해요.

- **월계**(月달 월 溪)
- **수원**(水물 수 原근원 원)
- **석수**(石 水)
- **온수**(溫 따뜻할 온, 水)
- **인천**(仁어질 인 川내 천)
  물 가까이에 있는 인주 이씨들의
  고을이라는 데서 붙여진 이름
- **동두천**(東동쪽 동 豆콩 두 川)
- **녹천**(鹿사슴 녹 川)
- **평택**(平평평할 평 澤못 택)
- **군포**(軍군사 군 浦개 포)
- **영등포**(永길 영 登오를 등 浦)
- **제물포**(濟건널 제 物물건 물 浦)

내 그림 속 사슴 뿔 그림 옆 말풍선:
두 갈래로 흐르던
물이 하나로
합쳐지는 모습이
내 사슴 뿔 같네.

鹿 川

용 산	독 산	도 봉 산	영 등 포	월 계
수 원	석 수	온 수	인 천	평 택	군 포

1 공통으로 들어갈 낱말을 쓰세요.

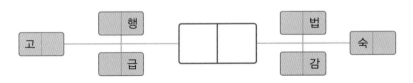

2 알맞은 낱말을 찾아 문장을 완성하세요.

1) 국 / 언 어

자신의 생각이나 느낌을 나타내거나 전달하기 위해 쓰는 말이나 글은 ☐☐, 한 나라의 국민이 쓰는 말은 ☐☐이다.

2) 언 성 / 급

말하는 목소리는 ☐☐, 어떤 일에 대하여 말하는 것은 ☐☐이다.

3) 격 / 부 언

인생의 교훈이나 가르침을 간결하게 표현한 말은 ☐ ☐, 덧붙여 하는 말은 ☐☐이다.

4) 어 감 / 원

말의 느낌은 ☐☐, 어떤 말이 생겨난 근원은 ☐ ☐이다.

3 문장에 어울리는 낱말을 골라 ○표 하세요.

1) 나에게는 선생님의 (고언 / 선언)이 큰 도움이 되었다.

2) 문학에 대하여 깊이 있게 공부하려면 문학 (용어 / 숙어)를 잘 알아 두어야 한다.

4 비슷한 뜻의 낱말끼리 짝 지어진 것을 고르세요. ( )

① 어순 – 어법   ② 단어 – 용어   ③ 고언– 망언
④ 언행 – 언동   ⑤ 언쟁 – 언성

언어
언쟁
언행
언동
언성
언급
언약
격언
명언
고언
쓴소리
부언
망언
선언
국어
어법
어순
어감
어투
어조
어원
단어
낱말
용어
숙어

씨낱말
블록 맞추기

지 명

1 설명을 보고, 알맞은 낱말을 쓰세요.

마을이나 지방, 산이나 강, 지역 등의 이름이라는 뜻 → ☐ ☐

지명
용산
독산
아산
도봉산
덕계
석계
월계
수원
석수
온수
인천
동두천
녹천
평택
군포
영등포
제물포

2 알맞은 낱말을 찾아 문장을 완성하세요.

1)
	독
용	산

용 같은 모습의 산은 ☐ ☐, 나무가 없는 벌거숭이산은 ☐ ☐ 이다.

2)
	덕
월	계

달이 밝게 비치는 시냇물이라는 뜻의 말은 ☐ ☐, 큰 덕 자를 넣어 만든 이름은 ☐ ☐ 이다.

3)
	석
온	수

더운물이 나왔다고 해서 붙여진 지명은 ☐ ☐, 흘러내리는 물이 맑고 깨끗해서 붙여진 지명은 ☐ ☐ 이다.

3 문장에 어울리는 낱말을 골라 ○표 하세요.

1) 어금니바위가 있는 산이라고 붙여진 지명이 (아산 / 용산)이다.

2) 물이 많은 고을이란 뜻의 도시 이름은 (수원 / 녹천)이다.

3) (부천 / 평택)은 연못이 많아서 붙여진 이름이다.

4 물과 관련된 이름끼리 짝 지어진 것이 <u>아닌</u> 것을 고르세요. ( )

① 인천 – 동두천 　　② 수원 – 석수 　　③ 평택 – 녹천

④ 제물포 – 아산 　　⑤ 군포 – 영등포

	1)	2)							10)	11)	
				4)		5)					
		3)			6)	7)					
	13)								12)		
14)				8)	9)						
		17)									
15)	16)						18)				
			19)								

정답 | 142쪽

가로 열쇠

1) 혼자 결정하고 다스리는 정치
3) 사귀기를 그만 두는 것. "너랑은 이제 ○○야."
6) 헤아려서 정하는 것. 대개 수치로 나타냄
8) 각각의 한 사람, 한 사람을 뜻하는 말
10) 태백산맥에서 가장 높은 산
12) 물이 드나들던 곳이라는 뜻의 '포'가 붙은 지명으로 현재 행정 구역상 경기도의 한 시(市)
14) 물체를 확대해서 크게 볼 수 있도록 만든 돋보기의 렌즈나 거울을 부르는 말
15) 주로 전력, 철강, 가스, 석유 산업 등 한 나라 산업의 기초가 되는 산업
18) 교향악을 연주하기 위해 만든 단체
19) 둥근 통

세로 열쇠

2) 법원에서 옳고 그름을 판단하는 것
4) 고려의 서희가 거란의 장수와 만나 담판 지은 일. ○○ 담판
5) 관찰하여 측정하는 일. "별을 ○○하다."
7) 정치를 하는 사람. 같은 말은 정치가
9) 사람마다 지닌 남다르고 고유한 특성. 자기만의 ○○
11) 벼슬 없이 군대를 따라 싸움터에 나가는 것. "이순신은 임진왜란 당시 ○○○○했어."
13) 어떤 일을 차례에 따라 엇갈리며 맡아 하는 것. "하루 두 번 ○○ 근무를 해."
14) 소리를 키워 멀리까지 들리게 하는 기구
16) 남의 일에 쓸데없이 끼어드는 것. "내 일에 ○○하지 마!"
17) 가게를 열어 영업을 처음 시작하는 것. ○○ ↔ 폐업
18) 버스비, 기찻값 등 교통에 드는 모든 비용

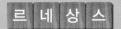

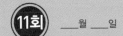

희의를 열어 의논해 봐요

議 의논할 의

각자 생각하는 바가 다를 때는 서로의 생각을 주고받아야겠지요? 여러 사람이 모여 의견을 주고받을 때에는 의(議)라는 글자를 써요.

| 의(義) 옳다, 바르다 | + | 언(言) 말하다 | = | 의(議) 의논하다 |

'옳은 결과를 얻기 위해 말하다'라는 뜻이지요.

의논은 어떤 일에 대하여 서로 의견을 주고받는 것을 말해요. 논의라고도 하죠.

물어 가면서 의논하는 것은 문□,

여럿이서 어떤 문제를 검토하며 의논하는 토□.

議 의논할 의

■ **의논**(議 論논의할 론)
어떤 일에 대하여 서로 의견을 주고받음
= 논의(論議)

■ **문의**(問물을 문 議)
물어 가면서 의논함

■ **토의**(討검토할 토 議)
여럿이서 어떤 문제를 검토하며 의논함

🔔 이런 말도 있어요

토론은 어떤 문제에 대해 각자의 의견을 말하며 논의하는 것이에요. 대개 찬성과 반대가 뚜렷한 문제에 대해 토론을 하죠.

■ **토론**(討論) 어떤 문제에 대해 각자의 의견을 말하며 논의함

■ **회의**(會모일 회 議)
모여서 의논함

■ **가족회의**(家집 가 族겨레 족
會議)
가족이 모여 가족 일을 의논하
는 회의

■ **마을 회의**(會議)
마을 사람들이 마을 일을 의논
하는 회의

■ **협의**(協화합할 협 議)
여러 사람이나 단체가 서로 협
력하여 의논함

■ **협의회**(協議會)
협의를 목적으로 모인 모임

■ **항의**(抗겨룰 항 議)
무엇에 대해 반대하는 뜻을 주
장함

■ **쟁의**(爭다툴 쟁 議)
서로 자기 의견을 주장하며 다
툼

함께 의논하려면 여럿이 한자리에 모여야겠지요? 이렇게 모여서 의
논하는 것을 회의(會議)라고 해요.

누가 무엇을 위해 모이는지에 따라 회의의 이름이 달라요.

빈칸을 채워 볼까요?

가족이 모여 가족 일을 의논하는 가족☐☐,

마을 사람들이 마을 일을 의논하는 마을 ☐☐.

여러 사람이나 단체가 합의하여 무엇을 결정하기 위해 모일 때에는
협의(協議)라는 말도 써요. 서로 협력하여 의논한다는 말이죠. 협의
를 목적으로 모인 모임은 협의회라고 한답니다.

한 학부모께서 학교 식당 밥값이 비싸다고 밀하고 계시네요. 무엇에
대해 반대하는 뜻을 주장하는 것을 항의라고 해요.

그런데 식당 주인이 밥값이 비싸기는커녕 오히려 싸다고 생각하고
있다면 의견이 달라서 다툼이 일어나겠지요?

서로 자기 의견을 주장하며 다투는 것은 쟁의(爭議)라고 해요.

■ **의안**(議 案안건 안)
의논하기 위해 회의에 내놓는
의견
■ **제의**(提제출할 제 議)
의안을 제출하는 행동
■ **건의**(建세울 건 議)
의안 또는 희망 사항을 내놓는
행동
■ **심의**(審살 심 議)
의안을 심사하고 토의함
■ **의결**(議 決결정할 결)
의안에 대해 결정함

한 친구가 책을 다 빌려 가면 다른 친구들이 읽을 수가 없지요?
그래서 성민이가 학급 문고 빌리는 권수를 제한하자고 하네요. 이
렇게 의논하기 위해 내놓는 의견을 의안(議案)이라고 한답니다. 의
안을 회의에 제출하는 행동은 제의(提議)라고 하지요.

제의와 비슷한 말은 무엇일까요? (   )

① 제사   ② 유의   ③ 건의   ④ 건사

정답은 ③번 건의예요. 의안을 제출할 때 건의라고 말하기도 해요.
그런데 건의는 희망 사항을 전달할 때 더 많이 쓰는 말이에요.

엇, 학급 문고 운영 방안에 대해 친구들이 의안을 많이 내놓고 있군
요. 의안이 나오면, 먼저 그 의안이 어떠한지 심사하고 토의를 해야
하지요. 이것을 심의(審議)한다고 해요. 심의가 끝나면 그 의안을
어떻게 할지 의사 결정을 해야 한답니다. 이 의사 결정을 줄여서 의
결(議決)이라고 해요.

동네에 공원을 만드는 일을 학급 회의에서 결정할 수는 없겠지요.
그렇다면 어디에서 할 수 있을까요? 바로 지방 의회예요.
지역의 살림살이를 의논하는 시, 도, 구에 있는 의회가 지방 의회거
든요.
국가나 지방 자치 단체의 일을 토의, 심의하여 의결하는 일을 하는
곳을 의회(議會)라고 하는데, 특히 나라 전체의 일을 의논하는 곳
은 국회(國會)라고 하지요.
의회와 같은 협의체의 구성원이며 의결할 수 있는 권리를 가진 사람
들을 의원(議員)이라고 해요.
국회 구성원이며 의결권을 가진 사람은 국회 의원,
지방 의회 구성원이며 의결권을 가진 사람은 지방 의원이지요.
의회를 대표하면서 사회를 보는 사람을 의장(議長)이라고 한답니
다. 의장을 돕고, 의장이 없을 때 대신 일을 맡아 하는 사람은 부의
장이죠.

■ **지방 의회**

(地땅 지 方모 방 議會)
지방 자치 단체의 일을 논의하
는 의회

■ **의회(議會)**

국가나 지방 자치 단체의 일을
토의, 심의, 의결하는 공식 기구

■ **국회(國**나라 국 **會)**

국가의 일을 논의하는 의회

■ **의원(議 員**인원 원**)**

협의체의 구성원으로 의결권을
가진 사람

■ **국회 의원(國會議員)**

국회의 구성원이며 의결권을
가진 사람

■ **지방 의원(地方議員)**

지방 의회의 구성원이며 의결
권을 가진 사람

■ **의장(議 長**대표 장**)**

의회의 대표

■ **부의장(副**버금 부 **議長)**

의회의 부대표

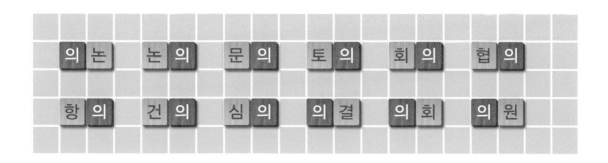

議
의논할 의

의논

논의

문의

토의

토론

회의

가족회의

마을 회의

협의

협의회

항의

쟁의

1 공통으로 들어갈 한자를 따라 쓰세요.

논

문

지 방   회

議
의논할 의

협   회

쟁

안

2 어떤 낱말에 대한 설명인지 쓰세요.

1) 어떤 일에 대하여 서로 의견을 주고받음 → ☐☐

2) 무엇에 대해 반대하는 뜻을 주장함 → ☐☐

3) 서로 자기 의견을 주장하며 다툼 → ☐☐

4) 국회의 구성원이며 의결권을 가진 사람 → ☐☐ ☐☐

3 알맞은 낱말을 찾아 문장을 완성하세요.

1) 공연 시작 시간이 너무 늦어지는 것에 대해 주최 측에 ☐☐ 했어.

2) 학급비를 얼마씩 걷을 것인지 학급 ☐☐ 에서 결정하자.

3) 국회와 지방 ☐☐ 의 차이점을 조사해 봅시다.

4) 휴대 전화가 고장이 나서 AS 센터에 ☐☐ 했어요.

4 문장에 어울리는 낱말을 골라 ○표 하세요.

1) 학급 도서를 어떻게 이용할지 (의결 / 의회)하겠습니다.

2) 친구에게 집까지 데려다 주겠다고 (토의 / 제의)했어.

3) 학교 급식 식단에 햄버거를 넣어 달라고 (건의 / 회의) 했어요.

5 다음 대화의 빈칸에 들어갈 말을 바르게 짝 지은 것을 고르세요. (   )

> 사회자 : 학급 [ ][ ]을(를) 시작하겠습니다.
>
> 성민 : 현장 학습을 박물관으로 가자고 [ ][ ]해 보자.
>
> 민희 : 그런데 컴퓨터 사용법은 어디에 [ ][ ]해야 해?

① 회의 – 문의 – 의결　　　② 회의 – 건의 – 문의

③ 의논 – 의결 – 문의　　　④ 의결 – 논의 – 의안

6 낱말 카드를 보고, 빈칸에 알맞게 넣어 완성하세요.

| 의안 | 토의 | 회의 | 의결 |

> 성민이가 "지각을 하면 화장실 청소를 하자."라는 [ ][ ]을(를) 제
> 의했어요. 그래서 학급 [ ][ ]이(가) 열렸지요. 여기서 [ ][ ]
> 한 결과, 지각한 사람이 화장실 청소를 하기로 [ ][ ]했습니다.

의안

제의

건의

심의

의결

지방 의회

의회

국회

의원

국회 의원

지방 의원

의장

부의장

속초는 항구, 맛있는 대구탕!

대구는 입이 정말 커요. 그래서 대구(大口)라고 부르는 거야. 여기서 구(口)는 입을 말해요.

우리 얼굴에는 눈, 코, 입, 귀가 있죠? 이 넷을 한데 합쳐 부를 때 이목구비(耳目口鼻)라고 해요.

아저씨 입냄새 때문에 버스 탄 사람들이 모두 괴로워하고 있어요. 입냄새는 다른 말로 구취(口臭)라고 해요. 마늘이나 양파가 들어간 음식을 먹으면 꼭 양치질을 하는 게 좋아요. 아니면 입속을 깨끗하게 해 주는 구강 청정제를 써도 좋지요. 구강은 입에서 목구멍에 이르는 빈 곳을 말해요.

口	입구

■ **대구**(大클 대 口)
입이 큰 생선의 이름

■ **이목구비**
(耳귀 이 目눈 목 口 鼻코 비)
귀, 눈, 입, 코를 아울러 이르는 말

■ **구취**(口 臭냄새 취)
입 냄새

■ **구강 청정제**(口腔빈 속 강 淸맑을 청 淨깨끗할 정 劑약 제)
입 안을 깨끗하게 해 주는 것

🔔 **이런 말도 있어요**

식구는 같이 살면서 같이 밥을 먹는 가족을 말하고, 인구는 한 나라나 지역에 사는 사람의 총수를 뜻해요. 사람은 모두 하나씩 입이 있으니 구(口)는 이렇게 사람을 세는 단위로도 쓰인답니다.

■ **식구**(食밥 식 口) 함께 밥을 먹는 가족 ■ **인구**(人사람 인 口) 한 지역에 사는 사람 수

선생님이 말씀하실 때 학생들이 일제히 대답하네요. 이런 것을 이구동성(異口同聲)이라고 말해요. 각자 입은 다르나 목소리는 같다는 뜻이지요. 이구동성은 여러 사람이 똑같은 말을 할 때 써요.

빈칸을 채워 구(口)가 쓰인 낱말을 알아볼까요?

"앞으로 나란히!"처럼 입으로 하는 명령은 ☐령,

"덩 덩덕 쿵덕!"처럼 악기 소리를 입으로 흉내 내는 것은 ☐음,

입으로 재미있고 실감 나게 이야기해 주는 동화는 ☐연동화,

자기의 주장을 입으로 부르짖는 것은 ☐호,

민요처럼 입에서 입으로 전해지는 것은 ☐전.

빈칸에 들어갈 알맞은 말은 무엇일까요? (   )

① 근육   ② 과자   ③ 구미

네. 정답은 ③번 구미예요. 구미(口味)는 음식을 봤을 때 "와, 먹고 싶다." 하고 입맛이 도는 걸 말해요. 그런데 꼭 먹는 것에만 쓰는 말은 아니예요. 어떤 물건이나 일에 흥미를 느낄 때도 '구미가 당긴다'라고 하지요.

여기서 잠깐!

일구이언(一한일 口 二둘이 言말씀 언)은 한 입으로 두말하는 거예요. 말을 이랬다저랬다 한다는 거지요. 유구무언(有있을유 口 無없을무 言)은 입이 있어도 할 말이 없다, 즉 변명할 말조차 없는 미안한 상황을 뜻해요.

■ **구강**(口 腔)
입안

■ **이구동성**(異다를 이 口 同같을 동 聲소리 성)
여러 사람이 똑같은 말을 함

■ **구령**(口 令명령령 령)
입으로 내리는 명령

■ **구음**(口 音소리 음)
입으로 흉내 내는 악기 소리

■ **구연동화**(口 演연기할 연 童 아이 동 話이야기 화)
입으로 연기하듯 실감 나게 이야기해 주는 동화

■ **구호**(口 號부르짖을 호)
주장을 입으로 부르짖음

■ **구전**(口 傳전할 전)
입에서 입으로 전해짐

■ **구미**(口 味맛 미)
입맛 / 흥미

口 드나드는 곳 구

출구(出날 출 口)
나가는 곳

입구(入들 입 口))
들어가는 곳

출입구(出入 口)
나가고 들어가는 곳

비상구
(非아닐 비 常보통 상 口)
비상시에 쓰는 출입구

돌파구
(突부딪칠 돌 破깨뜨릴 파 口)
막힌 것을 깨뜨려 통과할 수 있
게 만든 입구 / 장애나 어려움
을 이겨 낼 방법

항구(港뱃길 항 口)
뱃길의 입구

하구(河강 하 口)
강이 바다로 흘러 들어가는 입
구

출구(出 口)는 나가는 곳이고, 들어가는 곳은 입구, 나가는 곳과 들어가는 곳이 똑같으면 출입구라고 해요.

이때의 구(口)는 드나드는 곳을 말해요.

쥐는 비상구를 알고 있나 봐요. 비상구는 갑자기 사고가 일어날 때 쓰는 출입구예요. 비상구가 없다면 쥐에게는 돌파구가 필요해요. 돌파구는 가로막힌 것을 깨뜨려 통과할 수 있게 뚫은 입구이지요.

땅과 바다 사이의 출입구를 무엇이라고 할까요? (　　)

① 항구　　　② 봉구　　　③ 영구

네. 정답은 ① 항구예요. 항구(港口)는 뱃길의 입구를 뜻해요. 배가 안전하게 드나들도록 바닷가에 만든 시설을 말하지요.

다음 빈칸에 들어갈 알맞은 말은 무엇일까요? (　　)

① 하늘　　　② 하구　　　③ 하품

🔔 동구
"동구 밖 과수원길" 이 노래 알지요? 여기서 동구(洞골 동 口)는 마을 입구란 뜻이에요.

네. 정답은 ②번 하구(河口)예요. 강물이 바다로 흘러 들어가는 입구라는 말이지요.

> 어? 산에서 뭐가 펑펑 나오네?
> 용암이잖아! 도망가!

분화구(噴火口)는 화산에서 용암이나 가스를 내뿜는 구멍을 말해요. 여기에서 구(口)는 구멍을 뜻해요.

총의 구멍은 총☐,

피리에서 입으로 숨을 불어넣는 구멍은 취☐,

극장에서 표를 파는 조그만 구멍은 매표☐.

이런 매표구들은 창에 조그만 구멍을 뚫었으니 창☐.

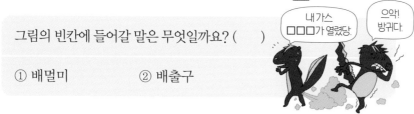

그림의 빈칸에 들어갈 말은 무엇일까요? (　　)

① 배멀미　　　② 배출구

> 내 가스 ☐☐☐가 열렸당.
> 으악! 방귀다!

정답은 ②번 배출구예요. 배출구(排出口)는 안에서 밖으로 밀어 내보내는 구멍이에요.

물을 내보내는 구멍은 배수☐,

우유나 신문 같은 걸 집 밖에서 안으로 던져 넣는 구멍은 투입☐.

口　구멍 구

분화구
(噴뿜을 분 火불 화 口)
화산이 폭발할 때 용암이나 가스가 나오는 구멍

총구(銃총 총 口)
총의 구멍

취구(吹불 취 口)
피리에서 숨을 불어넣는 구멍

매표구(賣팔 매 票표 표 口)
표를 파는 창구

창구(窓창 창 口)
창에 뚫어 놓은 구멍

배출구(排밀칠 배 出口)
안에서 밖으로 밀어 내보내는 구멍

배수구(排 水물 수 口)
물을 내보내는 구멍

투입구
(投던질 투 入口)
물건을 던져 넣는 구멍

1 공통으로 들어갈 한자를 따라 쓰세요.

취 | 호 — 연 동 화 — 口 입 구 — 돌 파 — 창 | 출

2 어떤 낱말에 대한 설명인지 쓰세요.

1) 입이 큰 생선의 이름 → ☐☐

2) 입으로 내리는 명령 → ☐☐

3) 막힌 것을 깨뜨려 통과할 수 있게 만든 입구 → ☐☐☐

4) 안에서 밖으로 밀어 내보내는 구멍 → ☐☐☐

3 알맞은 낱말을 찾아 문장을 완성하세요.

1) 민요들이 ☐☐ 되지 않았다면 우리는 "도라지 타령" 같은 노래를 몰랐을 거야.

2) 옆 반 아이들이 "네!" 하고 ☐☐☐☐ 으로 크게 외쳐서 깜짝 놀랐어.

3) 원숭이 춤을 추면 공책을 준다고 해서 ☐☐ 가 당겼지만 거절했어.

4 **문장에 어울리는 낱말을 골라 ○표 하세요.**

1) 안전사고 문제로 질문하겠습니다. 이 극장의 (비상구 / 돌파구)는 총 몇 개입니까?

2) 삼촌 말은 못 믿겠어. 만날 (일구이언 / 구연동화)한다니까.

3) 슬프게도 강의 (대구 / 하구)에 쓰레기들이 산처럼 쌓여 있었답니다.

4) 이 피리의 (항구 / 취구)가 막혀 있는걸요. 잘못 만들어진 것 같아요.

입구
출입구
비상구
돌파구
항구
하구
동구
분화구
총구
취구
매표구
창구
배출구
배수구
투입구

5 **그림을 보고, 알맞은 낱말을 연결하세요.**

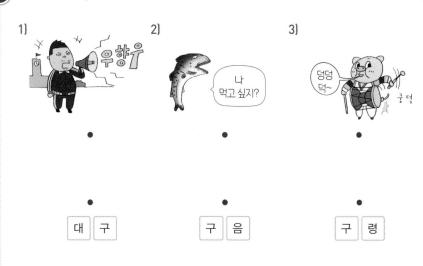

1) •
2) •
3) •

대 구   구 음   구 령

6 **다음 그림에 어울리는 표현을 고르세요. (   )**

① 토끼가 구연동화를 하고 있군.

② 참 구취가 심한 토끼로구나.

③ 유구무언인 상황이네.

④ 참 이목구비가 뚜렷한 토끼일세.

아이를 보호하는 어른

保 지킬 보

아빠가 지켜 줄게.

으르르

뭉치는 아빠와 함께 동물원에 놀러 갔어요. 사자와 호랑이를 보고 무서워하는 뭉치를 아빠가 지켜 주고 있어요. 뭉치를 지키는 아빠의 모습을 한자로 만들어 볼까요?

$$\text{俆} \rightarrow \text{俒} \rightarrow \text{保} \rightarrow \text{保}$$

네. 보(保)라는 한자가 만들어졌어요. '지키다'라는 뜻이지요.

保 지킬 보

■ 보호(保 護지킬 호)
지킴

■ 보호자(保護 者사람 자)
보호하는 사람

■ 보신(保 身몸 신)
몸을 보호함

■ 보안경(保 眼눈 안 鏡안경 경)
눈을 보호하기 위해 쓰는 안경

■ 보육(保育기를 육)
아이를 보호하고 기름

다음 빈칸에 들어갈 말은 무엇일까요? (   )

아빠는 사자와 호랑이로부터 뭉치를 □□하고 있어요.

① 보장   ② 보호   ③ 보온

정답은 ②번 보호예요. 보(保)와 호(護) 모두 '지키다'라는 뜻이지요.
보(保)가 쓰인 낱말을 완성해 볼까요?
보호하는 사람은 □호자, 몸을 보호하는 것은 □신,
눈을 보호하기 위해 쓰는 안경은 □안경,
아이를 보호하고 기르는 것은 □육.

하하, 안보리는 안전 보장 이사회를 줄여서 부르는 말이에요. 안전 보장 이사회는 국제 안보를 위해 모인 나라들의 모임이지요. 안보는 안전 보장의 준말이기도 하고 안전을 지킨다는 뜻이기도 해요.

보장은 병풍이 바람을 막아 주는 것처럼 일이 잘되도록 지켜 주는 것을 말해요.

다음 빈칸을 채워 낱말을 완성해 보세요.

건강을 지키는 것은 ☐건,
국민의 건강을 지키기 위한
대책은 ☐건 정책,
건강을 지키는 공공 의료 기관은
☐건소.

낱말을 완성해 보니 보건, 보건 정책, 보건소라는 낱말이죠? 모두 건강에 관련된 낱말이에요.

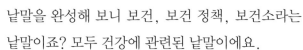

사람들에게 매달 일정한 돈을 받아 두었다가 그 사람에게 사고가 발생했을 때 치료비나 보상금을 주는 회사를 무엇이라고 할까요? ( )

① 보조 회사 ② 보험 회사 ③ 보일러 회사

정답은 ②번 보험 회사예요.

보험은 위험으로부터 건강, 재산을 지키는 것을 뜻해요.

■ **안보리**
(安안전할 안 保 理다스릴 리)
국제 안보를 위해 모인 나라들의 모임 / 안전 보장 이사회의 준말

■ **안보**(安保)
안전을 지킴 / 안전 보장의 준말

■ **보장**(保 障병풍 장)
일이 잘되도록 지켜 주는 것

■ **보건**(保 健건강할 건)
건강을 지킴

■ **보건 정책**
(保健 政정사 정 策대책 책)
국민의 건강을 지키기 위한 대책

■ **보건소**(保健 所곳 소)
건강을 지키는 공공 의료 기관

■ **보험 회사**(保 險위험할 험 會모일 회 社모일 사)
미리 일정한 돈을 받아 두었다가 사고를 당한 사람에게 치료비나 보상금을 주는 회사

■ **보험**(保險)
위험으로부터 건강, 재산을 지킴

■ **보전**(保存온전할 전)
온전한 상태로 보호해서 유지
하는 것

■ **보존**(保存있을 존)
보호해서 남아 있게 함

■ **자연 보호**(自스스로 자 然그러
할 연 保護)
자연이 훼손되지 않게 지키는
것

■ **생태계 보전**(生날 생 態모습
태 系이을 계 保全)
생태계를 온전하게 지키는 것

■ **보존림**(保存 林숲 림)
숲이 잘 남아 있게 나라가 보존
하고 있는 숲

보호, 보전, 보존 모두 지킨다는 뜻이에요. 하지만 완전히 똑같은 뜻은 아니에요.

보호는 지키는 것을 뜻하고, 보전은 온전한 상태로 보호해서 유지하는 것을 말해요. 보존은 있는 그대로를 보호해서 남아 있게 하는 것을 말해요.

자연이 훼손되지 않게 지키는 것은 자연 ☐호,
생태계를 온전하게 지키는 것은 생태계 ☐전,
숲이 잘 남아 있게 나라가 보존하고 있는 숲은 ☐존림.

다음 그림을 보고, 알맞은 낱말을 연결하세요.

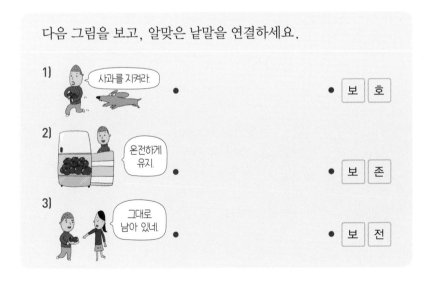

정답은 1) 보호, 2) 보전, 3) 보존이에요. 잘 골라서 쓰면 뜻이 분명해져요.

🔔 **생태계**
생태계(生態系)는 생물들이
살아가는 모습이 복잡하게 얽
혀 있는 환경을 뜻해요.

保 지닐 보

- **보균자**(保 菌병균 균 者) 병균을 몸 안에 지니고 있는 사람
- **보유**(保 有있을 유) 물건을 지니고 있음
- **확보**(確확실할 확 保) 물건을 확실하게 지니고 있음
- **보류**(保 留머무를 류) 일을 당장 처리하지 않고 지닌 채 머무르게 함

'보균자'라고 할 때 보(保)는 '지니다'라는 뜻이랍니다. 보균자는 병균을 몸 안에 지니고 있는 사람을 말이에요.
'지닐 보(保)'가 쓰인 낱말을 알아볼까요?
물건을 지니고 있는 것은 ☐유,
물건을 확실하게 지니고 있는 것은 확☐,
일을 당장 처리하지 않고 지닌 채 머무르게 하는 것은 ☐류.

사과를 냉장고에 제대로 보관해 두면 싱싱한 상태로 유지되겠지요? 보관은 물건을 맡아 지니고 안전하게 관리하는 것을 뜻해요. 이때 보(保)는 '유지하다'라는 뜻이에요.

保 유지할 보

- **보관**(保 管관리 관) 물건을 맡아 지닌 채 안전하게 관리함
- **보안**(保安) 안전함을 유지함
- **보안관**(保安편안 안 官벼슬 관) 안전 유지를 맡은 관리
- **보수**(保 守지킬 수) 오랜 습관, 제도 등을 유지하여 지킴

안전함을 유지하는 것은 ☐안,
안전함을 유지하는 일을 맡은 관리는 ☐안관,
오랜 습관, 제도 등을 지키고 유지하는 것은 ☐수.

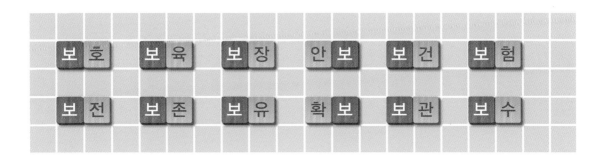

보호 보육 보장 안보 보건 보험
보전 보존 보유 확보 보관 보수

保
지킬 보

보호

보호자

보신

보안경

보육

안보리

안보

보장

보건

보건 정책

보건소

보험 회사

보험

1 공통으로 들어갈 한자를 따라 쓰세요.

호						육
	호 자	保	안 경			
신						건

지킬 보

2 어떤 낱말에 대한 설명인지 쓰세요.

1) 안전을 지킴, 안전 보장의 준말 ➜ ☐☐

2) 아이를 보호하고 기름 ➜ ☐☐

3) 온전한 상태로 보호하여 유지하는 것 ➜ ☐☐

4) 나라가 보존하고 있는 숲 ➜ ☐☐☐

3 알맞은 낱말을 찾아 문장을 완성하세요.

1) 곧 전쟁이 시작될 수도 있으니 비상 식량을 ☐☐ 해야 한다.

2) 비밀 서류를 볼 때는 ☐☐ 에 철저해야 한다.

3) 우리나라에서는 언론의 자유가 ☐☐ 되어 있다.

4) 직장에 다니는 엄마들을 위한 아이를 돌보아 줄 ☐☐ 시설이 부족해요.

4 문장에 어울리는 낱말을 골라 ○표 하세요.

1) 전염병 (보균자 / 보존자)는 다른 사람들과 접촉하지 못하게 해야 해.

2) 병원에 갈 때는 (보안관 / 보호자)와(과) 함께 가는 것이 좋아.

3) (보건소 / 안보리)에서 무료로 독감 예방 접종을 해 주고 있어.

5 다음 설명을 읽고 해당 낱말을 찾아 ○표 해 보세요. (가로, 세로, 대각선)

1) 나라가 보존하고 있는 숲

2) 안전 유지를 맡은 관리

3) 위험으로부터 건강, 재산을 지키는 것

4) 확실하게 지니고 있음

호	신	성	각	중	보
유	보	금	장	인	안
환	화	존	대	문	관
보	리	폐	림	소	육
험	탕	수	하	확	보
오	총	목	안	관	경

6 왼쪽에 있는 '보호하는 것'과 오른쪽에 있는 '보호받는 것'을 바르게 연결 하세요.

1)

•

2) 손잡이

•

3)

•

• 아 이

• 눈

• 손

보전

보존

자연 보호

생태계 보전

보존림

생태계

보균자

보유

확보

보류

보관

보안

보안관

보수

安 편안할 안

할머니에게는
안락의자가
안성맞춤

할머니, □□하세요?

오냐, 내 새끼들 왔구나.

위 그림의 빈칸에 들어갈 말은 무엇일까요? (   )

① 안부   ② 안심   ③ 안보   ④ 안녕

네. 정답은 ④번 안녕이에요.

웃어른에게 인사할 때 "안녕하세요?"라고 하지요. 안녕(安寧)은 아무 탈 없이 편안하다는 뜻이에요. 그러니까 "안녕하세요?"는 "오늘도 아무 탈 없이 편안하세요?"라고 묻는 거랍니다.

할머니가 안락의자에 앉아 계시네요. 안락은 몸과 마음이 편하고 즐겁다는 말이에요. 그래서 편안히 기대어 앉을 수 있는 의자를 안락의자라고 불러요.

안락과 비슷한 말로 평안(平安)이 있어요. 어떤 걱정이나 탈 없이 잘 있다는 의미로 쓰이지요. 평안한지 아닌지를 묻는 것은 안부(安否)라고 해요.

웃어른에게 안부를 묻는 것은 문안(問安)이라고 해요. 그렇다면 아픈 사람에게 안부를 묻는 것은 뭘까요? 병문안이지요. 옛날에는 자식들이 부모님께 아침마다 문안을 드렸다고 해요.

安   편안할 안

■ 안녕(安 寧탈 없을 녕)
아무 탈 없이 편안함

■ 안락(安 樂즐거울 락)
몸과 마음이 편하고 즐거움

■ 안락의자
(安 樂 椅의자 의 子사물 자)
편안히 기대어 앉을 수 있는 의자

■ 평안(平평안할 평 安)
무사히 잘 있음

■ 안부(安 否아니 부)
평안한지 아닌지 물음

■ 문안(問물을 문 安)
웃어른에게 안부를 여쭘

■ 병문안(病아플 병 問安)
병세를 묻고 위로함

상대편에게 잘못을 했을 때 미안하다고 말하지요?

미안(未安)은 편안하지 않다는 말이에요. 남에게 괴로움을 끼쳐 내 마음이 편하지 않고 괴롭다는 뜻이지요.

그렇다면 불안(不安)은 무슨 뜻일까요? 마음이 편안하지 않고 조마조마한 것을 뜻해요. 반대말은 안정(安靜)이에요. 마음이 편안하고 고요해지는 것을 의미하지요.

한자어가 다른 안정(安定)은 일정한 상태를 유지한다는 뜻이에요.

- **미안**(未아닐 미 安)
  남에게 괴로움을 끼쳐 내 마음이 괴로움
- **불안**(不아니 불 安)
  마음이 편하지 않고 조마조마함
- **안정**(安 靜고요할 정)
  마음이 편안하고 고요함
- **안정**(安 定정할 정)
  일정한 상태를 유지함

다음 빈칸에 들어갈 '안정'을 바르게 연결하세요.

1)
반드시 물가를 □□시키겠습니다.
어떻게?

안	정
安	靜

2)
또 꼴등? 아이고 혈압이야.
아버지, □□을 취하세요.

안	정
安	定

1) 물가를 안정시키겠다는 말은 높은 물가를 적당한 상태로 만들어 유지하겠다는 뜻이므로 안정(安定)이라고 쓴답니다.

2) 아버지는 혈압이 갑자기 올랐으니 몸과 마음을 편안하게 하셔야겠지요. 이때는 안정(安靜)이라고 써요.

🔔 **안락사**
편안한 상태에서 죽음을 맞도록 하는 것을 안락사(安 樂 死 죽을 사)라고 해요.

조선 시대 선비들은 가난한 것을 부끄러워하지 않았답니다. 오히려 마음을 편히 갖고 가난함을 즐겼다고 해요. 이것을 안빈낙도(安貧樂道)라고 하지요.

비록 형편이 어렵고 가난하게 살지만 마음만은 편하고 즐겁게 갖는다는 뜻이에요.

비슷한 말로 안분지족(安分知足)이 있어요. 편안한 마음으로 자기 분수를 지키며 산다는 뜻의 고사성어랍니다.

백성을 편안하게 한다는 말은 무엇일까요? ( )
① 안민 ② 안위 ③ 안심 안도

정답은 ①번 안민(安民)이에요. 백성이 편안하면 나라도 저절로 편안해지겠지요? 나라가 태평하고 백성이 편안하다는 말은 국태민안(國泰民安)이에요. 보국안민(輔國安民)도 나랏일을 도와 백성을 편안하게 한다는 뜻으로 자주 쓰여요. 또한 세상을 구제하고 백성을 편안하게 한다는 말로 제세안민이 있지요.

■ **안빈낙도**
(安貧 가난할 빈 樂道 도 도)
가난하지만 마음을 편히 갖고 도를 즐겨 지킴

■ **안분지족**(安 分분수 분 知알 지 足만족할 족)
편안한 마음으로 자기 분수를 지키며 삶

■ **안민**(安 民백성 민)
백성을 편안하게 함

■ **국태민안**
(國나라 국 泰태평할 태 民安)
나라가 태평하고 백성이 편안함

■ **보국안민**
(輔도울 보 國安民)
나랏일을 도와 백성을 편안하게 함

■ **제세안민**
(濟구제할 제 世세상 세 安民)
세상을 구제하고 백성을 편안하게 함

🔔 이런 말도 있어요

경기도 안성은 놋그릇을 잘 만드는 고장으로 유명하지요. 그곳에서 물건을 만들면 맞춘 것처럼 잘 들어맞는다고 해서 안성맞춤이라고 했대요.
안성맞춤은 조건이나 상황이 신통하게 잘 맞을 때 쓰는 말이에요.
■ **안성**(安 城성 성)**맞춤** 조건이나 상황에 신통하게 잘 맞음

安 편안하게 할 **안**

- **안타**(安 打칠 타)
  타자가 안전하게 나아갈 수 있도록 공을 침
- **치안**(治다스릴 치 安)
  나라를 안전하게 다스림
- **안이**(安 易쉬울 이)
  쉽게 여김
- **안식**(安 息쉴 식)
  편안히 쉼
- **안식처**(安息 處곳 처)
  편안히 쉴 수 있는 곳
- **위안**(慰위로할 위 安)
  위로하여 마음을 편하게 함

안타(安打)는 타자를 안전하게 내보내는 타구예요. 타자가 홈베이스를 밟을 수 있는 안타는 홈런이 되지요. 이때 안(安)은 편안하게 하거나 안전하게 하는 것을 뜻이에요.

치안(治安)은 나라를 안전하게 다스리는 것을 말해요.

안이(安易)는 쉽게 여기는 태도를 뜻한답니다. 치안을 안이하게 하면 어떻게 될까요? 국민들이 불안에 떨겠지요.

어미 새 품에 안긴 아기 새가 편안해 보이지요. 이렇게 편안히 쉬는 것을 안식(安息)이라고 해요. 아기 새에게 어미 새의 품은 편안히 쉴 수 있는 안식처가 되지요. 안식처는 힘이 들 때 위안(慰安)을 받는 곳이지요. 위안은 위로하여 마음을 편하게 하는 것을 뜻해요.

🔔 **안위**
몸을 편안하게 하고 마음을 위로하는 것을 안위(安慰)라고 한답니다.

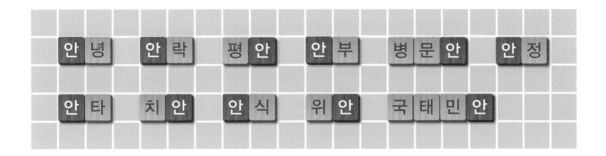

안 녕　안 락　평 안　안 부　병 문 안　안 정
안 타　치 안　안 식　위 안　국 태 민 안

안녕

안락

안락의자

평안

안부

문안

병문안

미안

불안

안정(安靜)

안정(安定)

안락사

안빈낙도

❶ 공통으로 들어갈 한자를 따라 쓰세요.

| 락 | | | | 정 |

분 지 족   安   병 문

| 문 | | | | 보 |

편안할 **안**

❷ 어떤 낱말에 대한 설명인지 쓰세요.

1) 타자가 안전하게 나아갈 수 있도록 공을 침 ➡ ☐☐

2) 위로하여 마음을 편하게 함 ➡ ☐☐

3) 편안히 기대어 앉을 수 있는 의자 ➡ ☐☐☐☐

4) 마음이 편하지 않고 조마조마함 ➡ ☐☐

❸ 알맞은 낱말을 찾아 문장을 완성하세요.

1) 할머니는 ☐☐☐☐ 에 편안히 앉아 계세요.

2) 반드시 물가를 ☐☐ 시키겠습니다.

3) 어미 새의 품은 아기 새에게 편안한 ☐☐☐ 입니다.

4) 조선 시대 선비들은 가난하지만 마음을 편히 갖고 도를 지키는 ☐

☐☐☐ 를 즐겼죠.

4 문장에 어울리는 낱말을 골라 ○표 하세요.

1) 가슴이 콩닥콩닥 뛰는 게, 왠지 (위안 / 불안)해.

2) 우리 집 개가 너무 늙고 아파서 동물 병원에서 (안락사 / 안보)를 했어.

3) 전봉준은 (보국안민 / 안분지족)의 깃발을 높이 들고 맨 앞으로 나섰다.

5 그림을 보고, 알맞은 말끼리 짝 지어진 것을 고르세요. (   )

(가)   (나)

① (가) 안녕 – (나) 미안   ② (가) 미안 – (나) 안녕

③ (가) 안정 – (나) 불안   ④ (가) 미안 – (나) 이런

6 그림을 보고, 알맞은 낱말을 쓰세요.

안분지족

안민

국태민안

보국안민

제세안민

안성맞춤

안타

치안

안이

안식

안식처

위안

안위

세쌍둥이 탄생이오

生
날 생

귀여운 세쌍둥이가 탄생했네요. 탄생(誕生)은 귀한 사람이 태어났다는 뜻이에요. 보통 사람이 태어나는 것은 출생(出生)이지요. 생일(生日)은 태어난 날, 생신(生辰)은 태어난 날을 높여 부르는 말로 태어나신 날이라는 뜻이랍니다.

탄생, 출생, 생일, 생신의 생(生)은 모두 '나다, 태어나다'라는 뜻으로 쓰여요.

난생처음으로 겪는 일이라고요? 난생은 세상에 태어나서 이제까지를 뜻해요.

중전마마께서 아기씨를 생산하셨습니다.

생산? 뭔가 어감이.

아이를 생산하셨다니요? 아이를 낳는 것을 예스러운 말로 생산이라고도 해요. 또한 인간이 생활하는 데 필요한 각종의 물건을 만들어 내는 것도 생산이라고 하지요. 생산(生産)은 낳거나 만들어 내는 것을 말해요.

생명은 처음 어떻게 발생하게 되었을까요? 발생(發生)은 생겨나거

生 　　날 생

■ **탄생**(誕낳을 탄 生)
귀한 사람이 태어남

■ **출생**(出날 출 生)
태어남

■ **생일**(生 日날 일)
태어난 날

■ **생신**(生 辰때 신)
태어나신 날

■ **난생**(生)
세상에 태어나서 이제까지

■ **생산**(生 産만들 산)
아기를 낳거나 각종의 물건을
만들어 내는 것

나 나타난다는 뜻이에요. 발생은 '사건의 발생', '문자의 발생'처럼 어떤 일이나 사물이 생겨나는 것이죠.

한편 '자연 발생적'이라는 말에서처럼 발생적은 어떤 것이 생겨나는 과정과 관련된 것이에요. 즉 자연 발생적이라는 말은 의도하지 않았는데 자연히 생겨났다는 뜻이지요.

생성(生成)은 사물이 생겨나서 이루어진다는 말이에요. '우주의 생성'처럼 생겨나서 자라거나 변화한다는 뜻이죠.

낡거나 못쓰게 된 물건을 활용해서 만든 화장지는 재생 화장지, 녹음된 소리를 본래의 소리로 다시 만들어 내는 건 음성 재생이라고 해요.

재생(再生)은 '다시 재(再)'를 써서 다시 만들어 낸다는 뜻이지요. 재생과 비슷한 말로 갱생이 있어요. 갱생(更生)은 특히 마음이나 생활 태도를 바로잡아서 본래의 옳은 생활로 되돌아간다는 뜻으로도 쓰여요.

산이나 들에 가면 이름 모를 풀과 나무 그리고 동물들이 간혹 눈에 띄죠? 산이나 들에서 나서 자라는 것을 야생(野生)이라고 해요.

야생에서 자라는 것 중에서 스스로 나고 자라는 난초를 자생란(自生蘭)이라고 해요.

발생(發일어날 발 生)
어떤 일이나 사물이 생겨남

생성(生 成이룰 성)
사물이 생겨나서 이루어짐

재생(再다시 재 生)
다시 만들어 냄 / 낡거나 못쓰게 된 것을 다시 쓰게 함

갱생(更다시 갱 生)
다시 만들어 냄 / 마음을 바로잡아서 본래의 옳은 생활로 되돌아감

야생(野들 야 生)
들에서 나고 자람

자생란(自스스로 자 生 蘭난초 란)
스스로 나서 자란 난

십장생도

왼쪽의 멋진 그림은 십장생을 그린 것이랍니다. 십장생은 열 가지의 오래 사는 것으로 해, 산, 물, 돌, 구름, 소나무, 불로초, 거북, 학, 사슴을 말해요.

生 살아 있는 것 생

십장생(十열 십 長길 장 生)
열 가지 오래 사는 것

生 살아 있을 생

- **미생물**(微작을 미 生物만물 물)
  아주 작은 생물
- **생물**(生物)
  살아 있는 물체
- **생물학**(生物 學배울 학)
  생물을 연구하는 학문
- **생명**(生 命목숨 명)
  살아 있는 목숨
- **생기**(生 氣기운 기)
  싱싱하고 힘찬 기운
- **생방송**
  (生 放놓을 방 送보낼 송)
  녹화하지 않은 생생한 방송

눈으로 볼 수 없는 아주 작은 생물은 미생물이에요. 미생물은 눈에는 보이지 않아도 살아 움직인답니다. 생물(生物)은 생명을 가지고 살아가는 물체예요. 생물에 대해서 연구하는 학문은 생물학이지요. 생명(生命)은 살아 있는 목숨을 뜻해요. 이럴 때 생(生)은 살아 있다는 말이에요.

발그레한 볼이 생기 있어 보이죠? 생기(生氣)는 살아 있는 싱싱하고 힘찬 기운이에요. 생기가 있으면 생생하지요. 분명하고 또렷한 것이 생생한 것이지요.

생방송은 살아 있는 방송, 즉 녹화되지 않고 실시간으로 바로 내보내는 방송이에요.

生 살아갈 생

- **생활**(生 活활동 활)
  활동하며 살아가는 것
- **생존**(生 存있을 존)
  살아남음
- **고생**(苦힘들 고 生)
  힘들고 괴로운 생활
- **인생**(人사람 인 生)
  사람이 살아가는 것 / 사람이
  살아 있는 기간
- **생애**(生 涯어느 곳 애)
  살아 있는 한평생
- **평생**(平고를 평 生)
  살아 있는 기간
  = 일생(一하나일 生)

사람이 활동하면서 살아가는 것은 생활(生活)이고, 살아남은 것은 생존(生存)이에요. 한편, 힘들고 괴로운 생활은 고생(苦生)이에요.

태어나고 자라고 결혼하고 아이 낳고 늙는 것, 사람이 세상을 살아가는 것이 인생(人生)이지요. 또 인생은 사람이 살아 있는 기간을 뜻하기도 해요.

생애(生涯)는 살아 있는 끝, 즉 살아 있는 한평생(平生), 다른 말로는 일생(一生)이라고 해요. 한편, 여생(餘生)은 남은 인생이에요.

■ **여생**(餘남을 여 生)
남은 인생

앞에서 이끌어 주시는 분은 누구일까요? 네, 선생님이시죠. 뒤에 선생님을 따르는 아이들은 학생이고요. 선생(先生)은 앞선 사람, 학생을 가르치는 사람이라는 뜻이고, 학생(學生)은 배우는 사람이라는 뜻이에요. 이럴 때 생(生)은 살아 있는 것, 사람이라는 뜻으로 쓰여요.

초등학생, 중학생, 고등학생, 대학생 그리고 남학생, 여학생 등 학생의 종류는 무척 많지요. 그렇다면 조선 시대 유학을 공부하는 선비는 무엇이라고 불렀을까요? 유생(儒生)이라고 했답니다.

사람이라는 뜻의 생(生)을 생각하며 빈칸을 채워 볼까요?

학교에 새로 들어온 학생은 신입☐,

학교의 학업을 다 마친 학생은 졸업☐,

학교의 전체 학생은 전교☐,

시험을 치르는 사람은 수험☐,

외국에 머물면서 공부하는 사람은 유학☐.

生 사람, 학생 생

■ **선생**(先먼저 선 生)
앞선 사람 / 학생을 가르치는 사람

■ **학생**(學生)
배우는 사람

■ **유생**(儒유학 유 生)
유학을 공부하는 선비

■ **신입생**(新새 신 入들 입 生)
새로 들어온 사람

■ **졸업생**(卒마칠 졸 業학업 업 生)
학업을 마친 사람

■ **전교생**(全전체 전 校학교 교 生)
학교의 전체 학생

■ **수험생**(受치를 수 驗시험 험 生)
시험을 치르는 사람

■ **유학생**(留머물 유 學生)
외국에 머물면서 공부하는 사람

탄生　난生　출生　生일　生산　재生

야生　미生물　生명　生활　生존　학生

씨근자 블록 맞추기 生 날 생

탄생
출생
생일
생신
난생
생산
발생
생성
재생
갱생
야생
자생란
십장생
미생물
생물
생물학
생명

① 공통으로 들어갈 한자를 따라 쓰세요.

탄
출 — 졸 업 — 生 — 자 란
날 생

일
기

② 어떤 낱말에 대한 설명인지 쓰세요.

1) 아기를 낳거나 각종의 물건을 만들어 내는 것 → ☐☐

2) 생물을 연구하는 학문 → ☐☐☐

3) 녹화하지 않은 생생한 방송 → ☐☐☐

4) 시험을 치르는 사람 → ☐☐☐

③ 알맞은 낱말을 찾아 문장을 완성하세요.

1) 나는 여름 방학 동안 외가가 있는 시골에서 ☐☐했어.

2) 이곳은 신발을 ☐☐하는 공장입니다.

3) 아버님 ☐☐은 이번 달 7일이에요.

4) 이런 일은 ☐☐처음 있는 일입니다.

4 문장에 어울리는 낱말을 골라 ○표 하세요.

1) 얼굴에 (생기 / 생애)가 넘치고 활력이 있어 보였다.

2) 녹화 방송보다는 (생방송 / 생물학) 중에 방송 사고가 나기 쉽다.

3) 대입 시험이 다가오면서 독서실에는 (유학생 / 수험생)들이 많아졌다.

5 [보기]에서 알맞은 말을 골라 대화를 완성하세요.

보기	생존 생활 야생

1) A : 그곳에서의 새로운 (   )은 어떠세요?

   B : 네, 이제 익숙해지려고 합니다.

2) A : 사고의 (   )자는 몇 명인가요?

   B : 한 명도 없답니다. 모두 사망했습니다.

3) A : 이게 바로 들에서 자라는 (   ) 녹차예요.

   B : 네, 아주 맛이 좋습니다.

6 설명을 읽고, 알맞은 낱말을 연결하세요.

1) 눈으로 볼 수 없는 아주 작은 생물 • • 갱생

2) 생활 태도를 바로잡아 본래의 올바른 생활로 되돌아 감 • • 고생

3) 사물이 생겨나서 이루어짐 • • 미생물

4) 힘들고 괴로운 생활 • • 생성

생기 / 생방송 / 생활 / 생존 / 고생 / 인생 / 생애 / 평생 / 일생 / 여생 / 선생 / 학생 / 유생 / 신입생 / 졸업생 / 전교생 / 수험생 / 유학생

살아 있는 생명체

命
목숨 명

어, 움직인다.
가만, 똥도 쌌네.
그럼 이게 살아 있는
생명?

생명(生命)은 살아 있는 목숨을 말해요. 여기서 명(命)은 목숨이라는 뜻이죠. 목숨은 목에서 쉬는 숨, 즉 숨을 쉬며 살아 있는 힘이지요. 그래서 생명을 유지해 나가는 힘은 생명력이에요.

命	목숨 명

- **생명**(生날 생 命)
살아 있는 목숨
- **생명력**(生命 力힘 력)
생명을 유지해 가는 힘
- **생명 공학**(生命 工장인 공 學배울 학)
생명 현상이나 기능을 인위적으로 조작하는 기술을 연구하는 학문
- **인명**(人사람 인 命)
사람의 목숨
- **수명**(壽목숨 수 命)
목숨이 유지되는 기간
- **구명**(求구할 구 命)
목숨을 구함

생명 현상이나 기능을 인위적으로 조작하는 기술을 연구하는 학문은 무엇이라고 할까요? (   )

① 환경 공학   ② 생명 공학

네. 정답은 ②번 생명 공학이에요. 유전자 조작이나 세포 배양 기술이 대표적인 생명 공학의 기술이지요.

사람의 목숨은 인명(人命)이라고 하지요. 인명은 재천이라는 말이 있는데, 이 말은 사람의 목숨은 하늘에 달려 있어서 사람의 힘으로 어쩔 수 없다는 뜻이에요.

사람의 목숨이 유지되는 기간은 수명(壽命)이에요. 현대에는 의학의 발달로 수명이 점차 늘어나고 있지요.
왼쪽에 있는 옷의 용도는 무엇일까요? 구명조끼예요. 구명(求命)은 목숨을 구한다는 뜻이랍니다.

꽈 꽈 꽈 꽝~
꽈 꽈 꽈 꽝~

운명은 이처럼 문을 두드린다.

■ **운명**(運운수 운 命)
운에 의해서 정해진 목숨

■ **망명**(亡달아날 망 命)
달아나서 목숨을 구하는 것

■ **치명적**
(致이를 치 命 的과녁 적)
목숨을 위협할 지경에 이른

■ **명맥**(命 脈맥 맥)
목숨이 유지되는 근본 / 어떤 일을 지속하는 데 있어 필요한 최소한의 것

베토벤의 〈운명 교향곡〉 들어 봤나요? 어떤가요? 정말 운명이 문을 두드리는 것 같나요?

운에 의해서 정해진 목숨이 운명(運命)이에요. 운(運)은 이미 정해져 있어 인간이 어쩔 수 없는 것이라고들 해요.

'죽음은 피할 수 없는 운명', '운명적인 만남'처럼 쓰이지요. 그렇지만 내 운명의 주인은 바로 나라는 걸 잊으면 안 돼요.

북한을 탈출한 사람들이 미국에 정치적 망명을 요청했다고 해요. 달아나서 목숨을 구하는 것을 망명(亡命)이라고 해요. 정치적 탄압을 피해서 다른 나라에 목숨을 맡기는 것이랍니다.

치명적 사고라는 말 들어 본 적 있죠?

치명적(致命的)은 목숨을 위협할 지경에 이르렀다는 뜻이에요. 암은 치명적인 병이고, 목숨을 위협하는 무기는 치명적인 무기가 되겠지요.

우리에게 태권도는 전통 무술의 명맥을 잇는 중요한 무예예요. 명맥(命脈)은 목숨의 맥, 즉 목숨이 유지되는 근본이라는 뜻에서 어떤 일을 지속하는 데 있어서 필요한 최소한의 것이라는 뜻으로도 사용된답니다. '명맥을 유지하다', '명맥을 잇다'와 같이 쓰지요.

태권 앞

내가 태권도의 **명맥**을 잇겠어!

🔔 **이런 말도 있어요**

가인박명(佳人薄命)은 아름다운 사람은 목숨이 짧다, 즉 오래 살지 못한다는 뜻이에요. 중국 시인 소동파의 시에서 유래되었어요. 미인박명(美人薄命)이라고도 하지요.

■ **가인박명**(佳아름다울 가 人 薄짧을 박 命) 아름다운 사람은 목숨이 짧음 / 오래 살지 못함 = **미인박명**(美아름다울 미 人 薄命)

命	명령할 명

명령(命 令내릴 령)
명령 / 명령을 내림

명령어(命 令 語말씀 어)
명령을 내리는 말

명령서(命 令 書글 서)
명령을 내리는 문서

어명(御임금 어 命)
임금의 명령

왕명(王왕 왕 命)
왕의 명령

특명(特특별할 특 命)
특별한 명령

임명(任맡길 임 命)
임무를 맡김

사명감(使시킬 사 命 感느낄 감)
맡겨진 임무를 잘 수행하려는
마음가짐

사명(使 命)
맡겨진 임무

아랫사람에게 무언가를 시킬 때는 자신이 먼저 몸으로 보여야겠지요. 윗사람이 아랫사람에게 또는 상부의 조직이 하부의 조직에게 무언가를 하도록 하는 것은 명령(命令)이에요.

명(命)은 명령이라는 뜻으로 쓰이지요. 명령을 어기는 것은 명령받은 대로 행하지 않는 것이니 명령을 어기면 응분의 벌을 받아야 하죠.

컴퓨터가 일정한 동작을 하도록 명령하는 말을 명령어라고 해요. 명령의 내용을 적은 문서는 명령서랍니다.

"어명이요!" 이 말 한마디면 모든 것이 해결되던 시대가 있었지요. 어명(御命)은 임금의 명령이에요.

명(命)의 뜻을 생각하면서 빈칸을 채워 볼까요?

왕의 명령은 왕□,

특별한 명령은 특□이지요.

임명(任命)은 명(命)에 의해서 임무를 맡기는 것이랍니다. 반장에 임명되었다면 학교의 명령에 의해서 반장의 임무가 맡겨진 것이에요. 이순신 장군은 나라를 지키는 사명감이 투철했지요. 사명감은 맡겨진 임무를 잘 수행하려는 마음가짐을, 사명은 맡겨진 임무라는 뜻이지요.

내 죽음을 알리지 마라.

여기서 잠깐!
화살이나 총알 등을 표적에 맞힐 때 명중(命 中가운데 중)이라고 하지요. 이때 명(命)은 표적이라는 뜻이지요.

너를 지금부터
흰둥이 2세로
명명하노라

命 이름 붙일 명

- **명명**(命 名이름 명)
사람, 사물, 사건에 이름을 붙이는 것

- **명명법**(命名 法방법 법)
동물이나 식물에 이름을 붙이는 방법

- **명제**(命 題제목 제)
제목을 정하는 것 / 참인지 거짓인지를 판명할 수 있는 문장

명명(命名)은 사람, 사물 그리고 사건 등에 이름을 붙이는 것이에요. 여기서 명(命)은 '이름을 짓다'라는 뜻이랍니다.
동물이나 식물 등에 이름을 붙이는 방법은 명명법이라고 말해요.
제목을 붙이는 것은 명제라고 하지요.
또한 명제는 '고래는 포유동물이다'와 같이 참인지 거짓인지를 판단할 수 있는 기호나 언어로 된 문장을 가리키기도 한답니다.

命 하늘의 명령 명

- **혁명**(革바꿀 혁 命)
하늘의 명령이 바뀜

- **대혁명**(大클 대 革命)
큰 혁명

- **역성혁명**
(易바꿀 역 姓성씨 성 革命)
성씨를 바꾸는 혁명으로 왕조가 바뀌는 것

- **무혈 혁명**
(無없을 무 血피 혈 革命)
피를 흘리지 않고 평화적인 수단으로 이룬 혁명

산업 혁명, IT 혁명 등 혁명이 붙은 말은 참 많지요. 혁명(革命)은 하늘의 명령이 바뀐다는 말로부터 한 나라의 기초가 되는 정치, 사회, 경제 등의 제도를 급격하게 근본적으로 바꾸는 것을 뜻하게 되었지요.
프랑스 대혁명처럼 봉건 제도를 모두 바꾸고, 민주주의의 새로운 시대를 연 큰 혁명은 대혁□,
조선 왕조처럼 왕씨 성이 왕이었던 고려 시대의 왕조를 이씨 성의 왕으로 바꾼, 즉 성씨를 바꾸는 혁명은 역성혁□,
피를 흘리지 않은 혁명은 무혈 혁□.

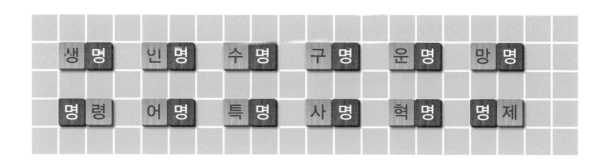

목숨 명

생명

생명력

생명 공학

인명

수명

구명

운명

망명

치명적

명맥

가인박명

미인박명

명령

명령어

명령서

① 공통으로 들어갈 한자를 따라 쓰세요.

생
혁

생 공 학

命
목숨 명

사 감

망
구

② 어떤 낱말에 대한 설명인지 쓰세요.

1) 목숨이 유지되는 기간 ➡ ☐☐

2) 운에 의해서 정해진 목숨 ➡ ☐☐

3) 맡겨진 임무를 잘 수행하려는 마음가짐 ➡ ☐☐☐

4) 명령의 내용을 적은 문서 ➡ ☐☐☐

③ 알맞은 낱말을 찾아 문장을 완성하세요.

1) 쓰나미로 인한 ☐☐ 피해는 엄청났어.

2) 의학의 발달로 인간의 ☐☐ 은 점점 길어지고 있어.

3) 대장의 ☐☐ 에 따라서 군인들이 빠르게 움직이고 있어요.

4) 그는 위험을 무릅쓰고 물에 빠진 어린아이의 ☐☐ 을 구했어.

④ 문장에 어울리는 낱말을 골라 ○표 하세요.

1) 그 신하는 (왕명 / 명명)을 어기고 죄인을 풀어 주었다.

2) 그는 (사명감 / 명명법)이(가) 투철한 대한민국의 육군 병장이이에요.

3) 박문수는 (망명 / 어명)을 받들어 몰래 다니는 암행어사였어.

⑤ 아름다운 사람은 오래 살지 못한다는 뜻의 사자성어를 고르세요. (   )

① 갑남을녀(甲男乙女) ② 자기기인(自欺欺人)

③ 군계일학(群鷄一鶴) ④ 미인박명(美人薄命)

⑥ 설명에 해당하는 말을 찾아서 ○표 하세요. (가로, 세로, 대각선)

1) 동물과 식물의 이름을 붙이는 것

2) 피를 흘리지 않고 평화적인 수단으로 이룬 혁명

3) 성씨를 바꾸는 혁명이라는 뜻으로 왕조가 바뀐 것

4) 생물의 기능을 이용하는 기술에 관한 학문

5) 목숨을 위협할 정도에 이른 것

무	혈	혁	명	풍	주
주	의	소	한	강	의
소	역	방	재	청	법
오	해	성	존	보	기
일	존	안	혁	청	치
파	손	주	방	명	명
생	명	공	학	간	적
대	자	안	면	도	중

| 어명 |
| 왕명 |
| 특명 |
| 임명 |
| 사명감 |
| 사명 |
| 명중 |
| 명명 |
| 명명법 |
| 명제 |
| 혁명 |
| 대혁명 |
| 역성혁명 |
| 무혈혁명 |

망원경은 멀리 보고, 현미경은 크게 보고

현
미
망 원 경

> 누가 담벼락에 낙서를 했는지 **망원경**으로 감시해서 꼭 밝혀내겠어!

아무리 눈이 좋은 사람이라도 맨눈으로 밤하늘에 보이는 별의 움직임을 관찰하거나 세균을 볼 수는 없어요. 멀리 있는 것을 크고 정확하게 보려면 망원경, 눈에 보이지 않을 정도로 작은 물체를 크게 보려면 현미경이 필요하죠.

이렇게 우리 생활을 편리하게 도와주는 도구를 살펴볼까요?

관찰이나 측정을 도와주는 도구

현미경에는 두 개의 렌즈가 있어서 그 두 렌즈 사이의 거리를 조절하여 물체를 관찰할 수 있게 해 주는 것이랍니다.

현미경에서 눈에 접하는 렌즈를 접안렌즈,

물체에 가까이 있는 렌즈를 대물렌즈,

관찰할 물체를 올려놓는 것을 재물대,

대강의 초점을 맞추는 것을 조동 나사,

미세한 초점을 맞추는 것을 미동 나사라고 해요.

물체의 무게는 어떻게 잴까요? 저울을 사용하면 되겠죠!

저울 중에는 양쪽에 접시가 달려 있는 양팔 저울과 윗접시 저울이 있어요.

望	遠	鏡
멀리 내다 볼 망	멀 원	거울 경

멀리 있는 물체를 크고 정확하게 볼 수 있도록 만든 기구

현미경
(顯 나타날 현 微 작을 미 鏡)
눈으로 볼 수 없을 만큼 작은 물체를 확대해서 보는 기구

접안(接 이을 접 眼 눈 안)**렌즈**

대물(對 대할 대 物 물건 물)**렌즈**

재물대(載 실을 재 物 臺 대 대)

조동 나사

미동 나사

양팔 저울
양쪽에 달린 접시에 물체를 올려놓고 무게를 재는 저울

윗접시 저울
저울대에 고정된 접시에 물체를 올려놓고 무게를 재는 저울

한쪽 접시 위에 무게를 잴 물체를 올려놓고 다른 쪽 접시에 일정한 무게가 되도록 만든 분동을 올려놓아 수평이 될 때의 분동의 무게가 그 물체의 무게랍니다.

또 용수철이 늘어난 길이로 물체의 무게를 재는 용수철저울도 있지요. 이밖에 온도나 습도 같은 것을 관측하는 데 사용되는 백엽상도 우리 생활을 편리하게 도와주는 도구예요.

사람의 일을 도와주는 도구

지레를 이용하면 무거운 물체도 쉽게 들어 올릴 수 있어요. 지레에서 우리가 직접 힘을 주는 곳은 힘점, 지레를 받치는 곳은 받침점, 물체에 힘이 작용하는 곳을 작용점이라고 해요.

무거운 물체를 들어 올릴 때 도르래를 이용하는 것을 본 적 있나요? 도르래는 힘의 방향을 바꾸어 주어 물체의 무게보다 적은 힘으로 물체를 쉽게 들어 올릴 수 있게 해 준답니다.

도르래에는 회전축을 한곳에 고정하여 이용하는 고정 도르래, 축이 움직이지 않아 물체와 함께 움직이는 움직도르래가 있으며, 고정 도르래와 움직도르래를 함께 쓰는 복합 도르래도 있어요. 정약용이 만든 거중기는 복합 도르래예요. 거중기는 적은 힘으로 큰 돌을 들어 올릴 수 있어 수원 화성을 빨리 지을 수 있었다고 해요.

■ **용수철**(龍용 용 鬚수염 수 鐵쇠 철)**저울**
무게에 따라 일정한 길이로 늘어나는 용수철의 성질을 이용해 만든 저울

■ **백엽상**
(百일백 백 葉잎 엽 箱상자 상) 기상 관측 장치가 들어 있는 흰색 나무 상자

■ **지레**
무거운 물건을 쉽게 들어 올리는 데 쓰는 막대기

■ **힘점**(點점 점)

■ **받침점**(點)

■ **작용점**(作지을 작 用쓸 용 點)

■ **도르래**
힘의 방향을 바꾸어 작은 힘으로 물체를 들어 올리는 장치

■ **고정**(固굳을 고 定정할 정) **도르래**

■ **움직도르래**

■ **복합**(複겹칠 복 合합할 합) **도르래**

■ **거중기**(擧들 거 重무게 중 機기계 기)
정약용이 도르래를 이용해 만든 기구

만물의 근원, 원자!

원 자

만물은 쪼개고 쪼개다 보면 더 이상 쪼갤 수 없는 알갱이가 될 거야. 만물의 근원은 **원자**야.

이 세상의 모든 물체는 무엇으로 이루어져 있을까요? 플라스틱? 철? 나무? 만물의 근원이 무엇인지에 대해 고대 그리스 철학자들은 제각각 생각이 달랐어요.

탈레스는 물이라고 했고, 데모크리토스는 원자라는 아주 작고 단단하며 눈에 보이지 않는 알갱이라고 했지요. 그리고 19세기에 돌턴이라는 과학자가 원자 실험을 통해 이를 입증해 냈어요.

놀라운 원자의 세계

과학에서 '~자'로 끝나는 말은 눈에 보이지 않는 작은 알갱이를 뜻하는 경우가 많아요. 원자는 영어로 아톰(atom)이라고 부르는데 더 이상 쪼개지지 않는 알갱이라는 뜻이에요.

원자의 크기는 얼마일까요? 가장 작은 수소의 원자는 지름이 0.000000001cm랍니다. 얼마나 작은지 상상이 되지 않지요?

그런데 최근 들어 이렇게 작은 원자를 이루는 더 작은 입자들이 있다는 것이 밝혀졌답니다. 바로 전자, 양성자, 중성자와 같은 소립자예요.

원자 속을 들여다보면 양성자와 중성자로 이루어진 원자핵과 원자

原	子
근원 원	아들 자

하나의 핵과 이를 둘러싼 여러 개의 전자로 구성되어 있는 물질의 기본 구성 단위

■ **입자**(粒낱알 립 子)
소립자, 원자, 분자 등 물질을 구성하는 미세한 크기의 물체

■ **전자**(電번개 전 子)
음전하를 가지고 원자핵의 주위를 도는 소립자의 한 종류

■ **양성자**(陽볕 양 性성질 성 子)
양전하를 가지고, 중성자와 함께 원자핵의 구성 요소가 되는 소립자의 한 종류

■ **중성자**(中가운데 중 性子)
수소를 제외한 모든 원자핵을 이루는 구성 입자

핵을 구름처럼 둘러싼 전자로 이루어져 있어요.

그런데 양성자와 중성자는 매우 강한 힘으로 결합되어 있어 원자핵을 깨뜨리는 과정에서 큰 에너지가 생겨요. 이 에너지를 원자가 가진 힘이라고 하여 원자력이라고 불러요.

현재까지 알려진 원자는 100여 개로, 세상의 모든 물질들은 100여 개의 원자로 만들어져 있다고 할 수 있겠네요.

생명의 근원 유전자

"콩 심은 데 콩 나고, 팥 심은 데 팥 난다."라는 속담은 아주 과학적인 내용이랍니다. 바로 유전의 원리가 담겨 있어요. 부모의 유전자가 자손에게 전달되기 때문에 부모를 빼닮은 자

콩 심은 데 콩 나고 팥 심은 데 팥 난다더니, 유전은 유전이군.

식이 태어나는 거예요. 유전자는 유전 정보가 담겨 있는 기본 단위예요.

유전자는 생물마다 달라요. 그래서 특정 종을 구별하는 기준이 된답니다. 종은 생물 분류의 기본 단위예요.

그런데 식물은 어떻게 유전자를 자손에게 전달할까요?

꽃은 씨를 만든답니다. 위 속담의 콩, 팥이 바로 씨예요. 이러한 씨는 종자라고도 해요. 고사리나 이끼처럼 꽃이 피지 않는 식물은 씨가 아니라 포자(홀씨)를 만들어 자신들과 똑같은 자손을 퍼뜨려요. 포자는 균류, 세균, 이끼류 등이 만들어 내는 생식 세포예요.

소립자(素바탕 소 粒子)
전자, 양성자, 중성자 등 물질을 구성하는 데 가장 기본적인 단위로 설정된 작은 입자를 통틀어 이르는 말

원자핵(原子 核씨 핵)
원자의 중심부를 이루는 입자로 양자와 중성자가 강한 힘(핵력)으로 결합한 것

원자력(原子 力힘 력)
원자가 가진 힘으로 원자핵을 깨트리는 과정에서 생기는 에너지

유전(遺끼칠 유 傳전할 전)
부모가 가지고 있는 특성이 자식에게 전해지는 현상

유전자(遺傳子)
부모로부터 자식에게 물려지는 특징을 만들어 내는 유전 정보의 기본 단위

종(種씨 종)
생물 분류의 기본 단위

종자(種子)
식물에서 나온 씨 또는 씨앗

포자(胞세포 포 子)
균류, 세균 또는 이끼 등이 만들어 내는 생식 세포

양성자	중성자	원자핵	전자	종자
소립자	원자력	유전자	입자	포자

1 설명을 보고, 알맞은 낱말을 쓰세요.

1) 인간의 눈으로 관찰할 수 없는 미세한 물체나 미생물을 확대하여 관찰하는 기구 → ☐ ☐ ☐

2) 렌즈 또는 반사경을 여러 개 조립하여 멀리 있는 것을 크고 정확하게 보는 기구 → ☐ ☐ ☐

2 [보기]를 보고 다음 설명에 해당하는 낱말을 쓰세요.

> **보기**　　　접안렌즈　　용수철저울　　백엽상　　거중기

1) 온도나 습도를 관측하는 데 사용되는 것으로 기상 관측 장치가 들어 있는 흰색 나무 상자는 ☐ ☐ ☐ 이야.

2) 정약용이 만든 복합 도르래로, 적은 힘으로 큰 돌을 들어 올리는 기구의 이름은 ☐ ☐ ☐ 야.

3) 현미경에서 눈에 접하는 렌즈를 ☐ ☐ ☐ ☐ 라고 해.

4) 용수철이 늘어난 길이로 물체의 무게를 재는 도구는 ☐ ☐ ☐ ☐ ☐ 이야.

3 문장에 어울리는 낱말을 골라 ○표 하세요.

1) 우선 현미경의 (재물대 / 전시대) 위에 관찰할 세포를 올려놓아야 해.

2) 무거운 물건을 쉽게 들어 올리는 데 쓰는 막대기는 (지레 / 저울)(이)라고 해.

3) 멀리 있는 것을 크고 정확하게 보기 위해서는 (현미경 / 망원경)이 필요해.

망원경
현미경
접안렌즈
대물렌즈
재물대
조동 나사
미동 나사
양팔 저울
윗접시 저울
용수철저울
백엽상
지레
힘점
받침점
작용점
도르래
고정 도르래
움직도르래
복합 도르래
거중기

씨낱말 블록 맞추기

원 자

1 공통으로 들어갈 낱말을 쓰세요.

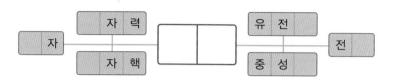

2 주어진 낱말을 넣어 문장을 완성하세요.

1)

	전
소	립	자

원자를 이루는 ☐☐, 양성자, 중성자와 같은 ☐☐☐들이 있다는 것이 밝혀졌어.

2)

원	자	력
자		
핵		

☐☐☐을 깨뜨리는 과정에서 생기는 에너지를 ☐☐☐이라고 해.

3)

유	전	자
전		

부모의 ☐☐☐가 자식에게 전달되는 현상을 ☐☐이라고 해.

4)

	종
포	자

식물에서 나온 씨를 ☐☐라고 하고, 고사리나 이끼처럼 꽃이 피지 않는 식물은 ☐☐를 만들어 자손을 퍼트려.

3 문장에 어울리는 낱말을 골라 ○표 하세요.

1) 19세기에 돌턴이라는 과학자는 (종자 / 원자)를 실험적으로 입증했어.

2) 전자, 양성자, 중성자 모두 (원자핵 / 소립자)에 포함 돼.

3) 동생과 나는 부모님의 (유전자 / 양성자)를 물려받았어.

원자
입자
전자
양성자
중성자
소립자
원자핵
원자력
유전
유전자
종
종자
포자

해킹? 크래킹?
뭐가 뭔지 헷갈려

이 은행의 고객 정보를 빼돌리자.

"○○ 은행의 컴퓨터가 해킹을 당해, 암호화된 고객 정보 10만 건이 외부로 유출되었음이 경찰 수사 결과 확인되었습니다."라는 뉴스를 들어 본 적 있죠?

해킹의 정확한 뜻을 몰라도 굉장히 나쁜 것이란 생각이 들지 않나요?

하지만 해킹은 우리가 생각한 것과 전혀 다른 뜻을 가진 말이에요.

원래 해킹은 컴퓨터 프로그램상의 잘못된 부분이나 인터넷 홈페이지의 문제점을 찾아내고 악용을 막는 것을 뜻했답니다.

이렇게 우리 사회에서 쓰는 어려운 외래어에 대해 알아볼까요?

인터넷과 관련된 외래어

해킹을 하는 사람을 해커라고 불러요. 그런데 일부 해커들이 허락 없이 개인이나 기업, 정부 기관 등의 전산망에 침입하여 저장된 정보를 빼내거나 전산망 등을 망가뜨리는 경우가 생겼어요.

이렇게 나쁜 의도를 가지고 전산망에 침입하여 정보를 도둑질하고 망쳐 놓는 행위를 크래킹이라고 해요.

크래킹을 하는 사람은 뭐라고 할까요? 네, 크래커예요.

컴퓨터나 스마트폰 등 정보 기기를 통해 하는 나쁜 짓은 사이버 범

해 킹
hacking

컴퓨터 프로그램상의 잘못된 부분이나 인터넷 홈페이지의 보안 문제점을 찾아내어 악용을 막는 것

■ **해커**(hacker)
해킹을 하는 사람

■ **크래킹**(cracking)
나쁜 의도를 가지고 전산망에 침입하여 정보를 도둑질하고 망쳐 놓는 행위

■ **크래커**(cracker)
크래킹을 하는 사람

■ **사이버 범죄**
(犯범할 범 罪허물 죄)
컴퓨터나 스마트폰 등을 이용한 범죄 행위

116

죄라고 해요. 개인 정보를 빼내 돈을 받고 팔거나 전화로 상대방을 속여 돈을 빼앗는 보이스 피싱 등이 사이버 범죄에 해당해요.

여러 가지 기상 현상과 관련된 외래어

엘니뇨, 라니냐, 쓰나미 등 뭔가 어려워 보이는 이 단어들에는 어떤 공통점이 있을까요? 모두 기상 현상과 관련된 것이랍니다.

엘니뇨는 스페인어로 남자아이(혹은 아기 예수)라는 뜻인데, 적도 부근의 바닷물 수온이 올라가는 현상을 의미해요. 엘리뇨가 발생하면 물고기들이 잘 잡히지 않을 뿐만 아니라 전 세계에 폭우와 한파 등 기상 이변을 일으켜요.

라니냐는 스페인어로 여자아이를 뜻해요. 엘니뇨와 반대로, 바닷물(동태평양)의 온도가 낮아져서 생기는 이상 기후 현상을 말한답니다.

쓰나미는 지진이나 해저의 화산 활동 때문에 갑작스레 생기는 큰 물결을 말해요. 쓰나미가 발생하면 해안가에 있는 시설들이 물에 잠겨 큰 피해를 입게 되죠. 쓰나미는 해일이라고도 불러요.

보이스 피싱
(voice phishing)
전화 등을 이용해 상대방을 속이거나 금융 회사 등으로 사칭해 돈을 빼내는 금융 사기

엘니뇨
적도 부근의 바닷물에서 수온이 평년보다 높아지는 현상

라니냐
바닷물(동태평양)의 온도가 낮아져서 생기는 이상 기후 현상

쓰나미
지진이나 해저의 화산 활동 때문에 갑작스레 발생하는 큰 물결
＝해일(海바다 해 溢넘칠 일)

르네상스 운동은 무슨 운동?

르네상스

한옥의 **르네상스**가 열렸네!

서양의 중세 시대에는 모든 것이 신에 의해 이루어진다고 여겨 인간의 마음을 자유롭게 표현하는 예술 활동 등을 금지했어요. 자연 과학의 원리도 인정하지 않았지요.

그래서 신이 아닌 인간을 중심으로 생각하는 사람들이 중세 시대에 반대하며 중세 이전 시대인 고대 그리스·로마 시대로 되돌아가자는 운동을 펼쳤어요. 이것이 바로 르네상스의 시작이지요.

르네상스 운동은 특히 문예 부흥을 가져왔어요. 그래서 과거의 것이 다시 화려하게 되살아나는 경우를 빗대어 '○○의 르네상스 시대'라고 표현해요. 부흥은 '다시 부(復)'와 '일어날 흥(興)'이 합쳐져 쇠퇴하였던 것이 다시 일어나거나 일어나게 하는 것을 뜻해요.

역사적 사건과 관련된 관용어!

영국에서는 랭카스터가와 요크가가 왕위 계승을 놓고 치열한 다툼을 벌였는데, 이 전쟁의 이름은 뭘까요? 장미 전쟁이랍니다. 장미를 두고 싸운 것이 아니라 랭카스터가는 붉은 장미 문장을, 요크가는 흰 장미 문장을 사용했기 때문에 이름 붙인 것이지요. 무엇인가를 두고 두 세력이 치열하게 경쟁하는 경우를 장미 전쟁에 비유한답니다.

르네상스

14~16세기에 서양에서 일어난 학문이나 예술 분야의 그리스·로마 시대로의 부활 운동

■ **부흥**(復다시 부 興일어날 흥)
쇠퇴하였던 것이 다시 일어남

■ **장미 전쟁**
1455~1485년에 영국에서 있었던 랭카스터가와 요크가 간의 왕위 다툼

러시아는 차르(황제)가 다스리던 시기가 있었어요. 당시에 노동자들의 생활은 매우 열악했어요. 배고픔에 지친 노동자들은 항의의 뜻으로 거리 행진을 했어요. 그런데 러시아 차르는 평화적으로 시위하던 노동자들을 향해 무자비하게 총을 쏘았고, 많은 사람들이 희생당하였어요. 그리고 이날의 비극적인 사건을 피의 일요일이라고 불러요.

사람들을 무자비하게 탄압하거나 학살하는 사건이 일어나면 "피의 일요일의 비극이 일어났다."라고 말하곤 한답니다.

신화와 관련된 관용어!

금지된 행동을 하면 어떻게 될까요? 에덴 동산에는 하나님이 먹지 말라고 한 열매가 있었어요. 금지된 열매였기 때문에 나중에 사람들은 이 열매를 금단의 열매라고 불렀어요.

아담과 하와는 사탄의 꼬임에 넘어가 이 열매를 먹고 말았어요. 결국 에덴 동산에서 쫓겨나게 되었죠. 금단은 '금할 금(禁)'과 '끊을 단(斷)'이 합쳐진 말로 어떤 행위를 못하도록 금하는 것을 뜻해요.

그리스 신화에 등장하는 판도라는 호기심에 절대 열지 말라는 금단의 상자를 열었지요. 그 결과 상자 안에 있던 온갖 불행이 튀어나왔어요.

해서는 안 되는 행동으로 좋지 않은 결과를 가져왔을 때, '판도라의 상자를 열었다'라고 표현하기도 해요.

■ 피의 일요일
1905년 러시아 페테르부르크의 광장에서 일어난 노동자 학살 사건

■ 금단의 열매
하나님이 아담과 하와에게 따 먹지 말라고 명한 나무의 열매 / 아담과 하와가 뱀에게 유혹당해 이것을 따 먹어 에덴 동산에서 추방당하게 되고, 인류에게 원죄가 생겼다고 전해짐

■ 금단(禁금할 금 斷끊을 단)
어떤 행위를 못하도록 금함

■ 판도라의 상자
고대 그리스 신화의 판도라가 금지된 상자를 열어 세상에 죄악을 가져온 것에서 유래된 말 / 해서는 안 되는 행동을 하여 좋지 않은 결과를 가져올 때 씀

장	미	전	쟁		피	의	일	요	일		르	네	상	스		
판	도	라	의	상	자		금	단	의	열	매					

씨낱말
블록 맞추기

해 킹

1 설명을 보고, 알맞은 낱말을 쓰세요.

컴퓨터 프로그램상의 잘못된 부분이나 인터넷 홈페이   →   ☐☐
지의 보안 문제점을 찾아내고 악용을 막는 것

2 [보기]를 보고, 다음 설명에 해당하는 낱말을 쓰세요.

보기	사이버 범죄 쓰나미 크래커 엘리뇨

1) 적도 부근의 바닷물 수온이 올라가는 현상을 ☐☐☐ 현상이라고 해.

2) 컴퓨터나 스마트폰 등 정보 기기를 이용해 저지른 범죄를 ☐☐☐
☐☐ 라고 해.

3) ☐☐☐ 는 나쁜 의도를 가지고 전산망에 침입해 정보를 도둑질하고 망쳐 놓는 일을 하는 사람이야.

4) 최근 일본은 지진과 해저의 화산 활동 때문에 생긴 ☐☐☐ 로 큰피해를 입었어.

3 문장에 어울리는 낱말을 골라 ○표 하세요.

1) 요즘 (보이스 피싱 / 보이스 웨어) 범죄가 늘어나고 있어.

2) 인터넷 보안에 힘쓰지 않으면 (크래커 / 라니냐)의 표적이 될 수 있어.

3) (엘리뇨 / 쓰나미) 경보가 내려지면 바닷가에서 벗어나 높은 곳으로 이동해야 해.

해킹

해커

크래킹

크래커

사이버 범죄

보이스 피싱

엘니뇨

라니냐

쓰나미

해일

씨낱말
블록 맞추기

르 네 상 스

1 설명을 보고, 알맞은 낱말을 쓰세요.

신 중심에서 인간 중심으로 생각하는
사람들이 늘어나면서 문화, 예술이 꽃 → ☐ ☐ ☐ ☐
피웠던 시기를 일컫는 말

2 [보기]를 보고, 다음 설명에 해당하는 낱말을 쓰세요.

| 보기 | 장미 전쟁 | 피의 일요일 | 금단의 열매 | 판도라의 상자 |

1) 러시아 노동자들이 '빵과 평화'를 외치며 광장으로 나왔던 1905년 1월
9일을 ☐☐ ☐☐☐ 이라고도 불러.

2) 달콤한 유혹에 넘어가 해서는 안 될 행동을 하는 사람에게는 ☐☐
☐ ☐☐ 를 먹었다고 표현하기도 해.

3) 무엇인가를 두고 두 세력이 치열하게 경쟁할 때는 ☐☐ ☐☐
같다고 비유하곤 해.

4) 호기심으로 인해 어떠한 결과가 나올지 알 수 없는 행동을 할 때는 ☐
☐☐☐ ☐☐ 를 열었다고 표현하곤 하지.

3 문장에 어울리는 낱말을 골라 ○표 하세요.

1) 한식이 세계에서 인정받다니 곧 한식의 (르네상스 / 장미 전쟁)이(가) 열릴 거야.

2) 열악한 생활에 항의하기 위해 거리 행진을 하던 러시아의 노동자들에게 러
시아 차르가 무자비하게 총을 쏜 사건을 두고 (장미 전쟁 / 피의 일요일)이라
고 불러.

3) 어떤 행위를 하지 못하도록 막는 것은 (금단 / 부흥)이고, 쇠퇴하였던 것이
다시 일어나는 것은 (금단 / 부흥)이야.

르네상스

부흥

장미 전쟁

피의 일요일

금단의 열매

금단

판도라의
상자

나라를 빛낸
역사 인물

100명의 위인들

정말 훌륭한
위인들이
많구나.

역사인물
ㅅ ~ ㅇ

'우리나라를 빛낸 100명의 위인들'이라는 노래를 알고 있나요?
역사적으로 뛰어나고 훌륭한 사람을 위인이라 하지요.
그럼 외적의 침입에 맞서 나라를 구하거나 훌륭한 정책으로 우리나
라를 발전시킨 위인들에 대해 알아볼까요?

가지 않는 길을 간 인물들

고구려 주몽의 셋째 아들이었던 온조는 첫째 아들 유리가 왕위를 잇
게 되자 고구려를 떠났어요. 그리고 한강 유역에 도읍을 정하고 백
제를 건국했어요. 백제의 시조가 된 것이죠.

신라의 승려 원효는 더 큰 불법을 배우기 위해 당나라로 유학을 떠
나지요. 그러나 유학길에 해골에 고인 물을 마시고선 큰 깨달음을
얻어요. 원효는 신라로 돌아와 부처는 곧 마음에 있다는 불교 사상
을 널리 퍼뜨렸답니다.

고려의 승려 신돈은 귀족에게 불리하고 백성에게 유리한 정책을 만
들고자 노력했어요. 신분 사회였기 때문에 귀족에게 불리한 정책을
펼친다는 것은 대단한 일이었어요.

한편 조선 시대 화가 신윤복도 남들과 다른 길을 걸었어요. 조선 사

온조
백제를 건국한 사람

원효(元曉)
(617~686) 신라의 승려

신돈(辛旽)
(1322~1371) 고려의 승려이
자 정치가

신윤복(申潤福)
(1758~?) 조선 후기 풍속화가

원광(圓光)
(542~640) 신라의 승려

화랑(花꽃 화 郎사내 랑)
신라의 청소년 심신 훈련 조직

**세속 오계(世세상 세 俗풍속
속 五다섯 오 戒경계할 계)**
신라 승려 원광이 만든 화랑이
지켜야 할 다섯 가지 계율

서희(徐熙)
(942~998) 고려의 문신

람들은 유교에 따라 삼강오륜을 엄격히 따라야 했지만 그는 양반층의 풍류나 남녀 간의 연애를 주로 그렸답니다.

나라를 지킨 위인들

신라 승려 원광은 화랑이 지켜야 할 다섯 가지 규율인 세속 오계를 만들었어요. 화랑은 신라의 유능한 청소년을 모아 몸과 마음을 갈고닦았던 단체예요. 세속 오계에 따라 몸과 마음을 갈고닦은 화랑은 신라가 삼국을 통일하는 데 큰 원동력이 되었답니다.

고려 서희는 외교 담판으로 강동 6주를 얻었어요. 거란이 고려를 침입하자 서희는 거란의 장수를 직접 만나 담판을 벌여 거란을 물러가게 했을 뿐만 아니라 오히려 강동 6주를 얻었답니다. 싸우지 않고 외교력으로 영토를 지켜낸 것이죠.

19세기 말에 일본은 조선을 차지하기 위해 정치를 간섭하고 군대를 파견했어요. 이에 신돌석은 평민 출신으로서 의병을 일으켜 큰 공을 세우지요. 의병은 외적의 침입을 물리치기 위하여 백성들이 자발적으로 일어나 조직한 군대를 말해요.

신채호와 안창호, 안중근도 비밀 결사 조직을 만들어 독립운동을 펼쳤어요. 학교를 세워 교육의 힘으로 국가의 위기를 극복하려고 하였고, 신문사를 만들기도 하였지요. 특히 안중근은 일본의 우두머리였던 이토 히로부미를 저격한 것으로 유명해요.

나의 꿈은 우리 국권을 회복하는 것이다.

- **외교 담판**(外바깥 외 交사귈 교 談말씀 담 判판단할 판)
  외교의 목적을 이루려고 관계국의 대표자가 만나서 의견을 교환하고 그 일치를 꾀하는 일
- **신돌석**(申乭石)
  (1878~1908) 조선 말기의 평민 출신 항일 의병장
- **의병**(義옳을 의 兵병사 병)
  외적의 침입을 물리치기 위하여 백성들이 자발적으로 조직한 군대나 그 군대의 병사
- **신채호**(申采浩)
  (1880~1936) 일제 강점기 독립운동가
- **안창호**(安昌浩)
  (1878~1938) 일제 강점기 독립운동가
- **안중근**(安重根)
  (1879~1910) 조선 침략의 주범인 이토 히로부미를 사살함. 독립운동가

신윤복 서희 신돌석 온조 원효
화랑 원광 안창호 안중근 의병

본받고 싶은 역사 인물

어떤 인물의 이야기를 읽어 볼까?

여러분은 어떤 사람이 되고 싶은가요? 자신이 관심을 가지고 있는 분야가 있다면 그 분야에서 뛰어난 업적을 남긴 위인을 알아 두면 좋아요. 좋은 본보기이니까요.

정치가, 학자, 독립운동가 등 위인들은 다양한 분야에서 업적을 남겼어요.

다양한 재능을 가진 위인

조선 시대에 훌륭한 정치를 펼친 인물은 누가 있을까요?

조선에서는 과거라는 시험을 통해 관리를 뽑았어요. 특히 과거 중에서 문과 시험을 통과한 사람들이 높은 관직에 올라 정치를 하였지요. 문과는 유교 경전에 관한 지식이나 문장 짓는 능력을 평가했어요. 그래서 훌륭한 정치가 중에는 학문적으로 뛰어난 사람이 많았답니다.

퇴계 이황과 율곡 이이가 바로 그러하지요. 이 두 인물은 성리학을 발전시켰어요. 성리학은 우주의 원리와 인간의 심성을 연구하는 학문이에요.

위인들 중에는 역사책을 편찬한 사람도 있어요.

일연은 고려 시대 승려였는데, 삼국유사라는 책을 썼지요. 이 책

李
성씨 이

滉
깊을 황

(1501~1570) 조선 중기 성리학을 발전시킨 유학자

■ **이이**(李 珥)
(1536~1584) 성리학을 발전시킨 조선 중기의 유학자이자 정치가

■ **성리학**(性성품 성 理다스릴 리 學학문 학)
우주의 원리와 인간의 심성을 연구하는 학문

■ **일연**(一然)
(1206~1289) 삼국유사를 저술한 고려의 승려이자 학자

난 삼국유사라는
책을 썼어!

난 발해고를
썼지!

은 삼국사기와 더불어 삼국의 역사를 우리에게 전해 주는 중요한 역
사 자료에요. 조선 시대 학자 유득공은 발해의 역사를 담은 발해고
를 저술하였답니다.

종교 분야에도 훌륭한 인물이 있지요. 특히 고려 시대는 불교가 국
가의 종교였기에 유명한 스님들이 많아요.

의천은 고려의 제11대 왕인 문종의 아들이에요. 고려의 왕자이면
서 승려이지요. 그는 여러 종파로 나누어져 있던 고려의 불교를 하
나로 모으려고 노력한 공로가 크답니다.

정의롭고 용감한 위인

용감하게 나라를 지킨 위인들도 있어요.

윤관은 여진족이 침입하자 별무반이라는 군대를 만들었어요. 군대
를 양성하고 성을 쌓아 여진족을 정벌하였지요.

일제 강점기에 유관순은 어린 학생이었지만 3·1 운동을 적극적으
로 펼쳤어요. 그러다 일본군에 끌려가 모진 고초를 겪고 안타깝게
도 젊은 나이에 세상을 떠났지요. 그녀의 용기와 애국심은 독립운
동에 많은 영향을 주었답니다.

윤봉길과 이봉창은 항일 독립운동 단체인 한인 애국단에서 활동했
어요.

유득공(柳得恭)
(1749~1807) 발해고를 저술
한 조선 후기의 실학자

의천(義天)
(1055~1101) 고려 승려로 고
려의 제11대 왕인 문종의 아들

윤관(尹瓘)
(?~1111) 별무반을 만들어
여진족을 정벌한 고려의 장군

별무반(別나눌 별 **武**무인 무
班나눌 반**)**
고려 윤관이 여진 정벌을 위해
만든 군대

유관순(柳寬順)
(1902~1920) 3·1 운동을 적
극적으로 펼친 일제 강점기 때
의 독립운동가

윤봉길(尹奉吉)
(1908~1932) 항일 독립운동가

이봉창(李奉昌)
(1900~1932) 항일 독립운동가

한인 애국단(韓한국 한 **人**사람
인 **愛**사랑 애 **國**나라 국 **團**단체 단**)**
1931년 중국 상해에서 조직된
항일 독립운동 단체로 일본의
주요 인물들을 제거하여 독립
운동의 성과를 올리려는 목표
를 가진 비밀 조직

이 황　이 이　일 연　유 득 공　한 인 애 국 단

의 천　윤 관　유 관 순　윤 봉 길　이 봉 창

역사 인물
ㅅ ~ ㅇ

1 설명을 보고, 알맞은 낱말을 쓰세요.

고구려 주몽의 셋째 아들로, 고구려를 떠나 한강
유역에 도읍을 정하고 백제를 건국한 인물   →   ☐☐

2 [보기]를 보고 다음 설명에 해당하는 역사 인물의 이름을 쓰세요.

보기	안중근 신돌석 신윤복 서희 안창호

1) ☐☐☐ 은 양반층의 풍류나 남녀 간의 연애를 주로 그린 조선 시대의 풍속화가야.

2) ☐☐☐ 은 조선 말기의 평민 출신의 항일 의병장이었어.

3) ☐☐☐ 는 일제 강점기의 독립운동가로 독립 협회, 신민회 등에서 활발히 독립운동을 했어. 호는 도산이지.

4) ☐☐☐ 은 비밀 결사 조직에서 활동하며 이토 히로부미를 저격한 독립운동가야.

5) 거란이 고려를 침입하자 거란의 장수를 직접 만나 담판을 지은 사람은 ☐☐ 야.

3 문장에 어울리는 낱말을 골라 ○표 하세요.

1) 백제의 시조는 (원효 / 온조)야.

2) 귀족에게 불리하고 백성에게 유리한 정책을 만들고자 했던 고려의 승려는 (신돈 / 원광)이야.

3) 서희가 거란 장수와 만나 담판을 지은 사건을 두고 (세속 오계 / 외교 담판)이라고 해.

4) 신라의 유능한 청소년들이 모여 몸과 마음을 갈고닦았던 모임을 (의병 / 화랑)이라고 해.

온조

원효

신돈

신윤복

원광

화랑

세속 오계

서희

외교 담판

신돌석

의병

신채호

안창호

안중근

씨낱말
블록 맞추기

역 사 인 물
ㅇ

1 설명을 보고, 알맞은 낱말을 쓰세요.

고려 시대의 승려로 삼국유사라는
유명한 역사책을 저술한 사람 → □□

2 [보기]를 보고 다음 설명에 해당하는 역사 인물의 이름을 쓰세요.

보기   유득공   유관순   이황

1) □□□은 3·1 운동을 적극적으로 펼치다 일본군에
끌려가 고초를 당하고 젊은 나이에 세상을 떠나고 말았어.

2) □□은 조선 중기의 정치가이자 사상가로 성리학을 발전시키는 데
큰 공을 세웠어.

3) □□□은 발해의 역사를 담은 발해고라는 책을 저술했어.

3 문장에 어울리는 낱말을 골라 ○표 하세요.

1) 퇴계 이황과 율곡 이이는 (성리학 / 양명학)을 발전시켰어.

2) 여진족이 쳐들어오자 용맹한 (별무반 / 별기군)은 전투를 시작했어.

4 예문에 어울리는 낱말을 써넣으세요. [한국사]

□□□은 이화 학당에 들어가 공부하던 평범한 소녀였다. 그러
나 3·1 운동이 일어나자 학생들과 함께 거리로 나가 시위를 벌였고, 학
교가 휴교하자 만세 운동을 지휘하기 위해 고향인 천안으로 내려갔다.
1919년 4월 1일 천안의 아우내 장터에서 3,000여 명의 군중에게 태
극기를 나눠 주며 시위를 이끌다 체포되었고, 서대문 형무소에서 고문
을 받으며 수감되어 있다 사망했다.

이황
이이
성리학
일연
유득공
의천
윤관
별무반
유관순
윤봉길
이봉창
한인 애국단

수연이는 할머니께 초콜릿 칩 쿠키 만드는 법을 배우기로 했어요.
밀가루 100g당 초콜릿 60g이 필요한데, 냉장고에 있는 초콜릿
120g을 모두 사용하려고 해요. 그럼 밀가루는 얼마나 필요할까요?
비례식과 방정식을 이용하면 필요한 밀가루의 양을 구할 수 있어
요. 비례식에서 비(比)는 어떤 두 개의 수 또는 양을 서로 비교하여
몇 배인가를 나타내는 관계를 말해요. 밀가루와 초콜릿 양을 서로
비교하여 몇 배인지 그 관계를 식으로 나타내면 되는 것이죠.
비례식을 세웠다면 방정식을 이용하여 필요한 밀가루의 양을 구해요.
방정식은 어떤 문자가 특정한 값을 취할 때에만 성립하는 등식이에요.

비례식과 관련된 말, 말, 말!
비례식을 알려면 먼저 등식과 부등식을 알아야 해요.
등식은 등호(=)가 있는 식으로 등호를 중심으로 양쪽의 값이 같아요.
부등식은 부등호(>, <)가 있는 식으로 부등호 사이 양쪽의 값을
비교할 때 써요.
비례식은 같은 비의 값을 등식으로 나타내는 식으로 비례를 나타내
는 기호(:)가 있어야 해요.

比 例 式
견줄 비 법식 례 법 식
두 개의 비가 같음을 나타내는 식

■ **방정식**(方모 방 程단위 정 式)
어떤 문자가 특정한 값을 취할
때에만 성립하는 등식

■ **등식**(等 가지런할 등 式)
등호(=)가 있는 식. 둘 이상의
수나 식의 값이 서로 같다는 것
을 나타낸 식

■ **등호**(等 號부르짖을 호)
둘 이상의 수나 식이 서로 같다
는 것을 나타내는 기호

■ **부등식**(不아닐 부 等式)
수학에서 두 수 또는 두 식의 관
계를 부등호로 나타낸 것

■ **부등호**(不等號)
2개의 수 또는 식이 같지 않을
때 크기를 나타내는 기호

그럼 쿠키를 만드는 수연이를 도와볼까요?
밀가루 100g당 초콜릿 60g이 필요하다고
했으니 100 대 60의 비율로 섞어야 해요.
이는 10 : 6 또는 5 : 3으로도 써요.
수연이가 갖고 있는 초콜릿 120g을 모
두 사용할 경우 필요한 밀가루의 양을 x로 놓고 식을 세우면

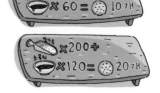

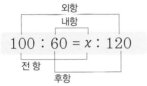

$$100 : 60 = x : 120$$

비례 기호(:)를 기준으로 앞쪽에 있는 항은 전항, 뒤에 있는 항은
후항이라 해요. 또 등호(=)를 기준으로 안쪽에 있는 항은 내항, 바
깥쪽에 있는 항은 외항이라고 불러요.
내항끼리 곱한 값은 외항끼리 곱한 값과 같다는 비례식의 법칙에 따
라 계산을 하면 필요한 밀가루의 양은 200g이에요.

방정식과 관련된 말, 말, 말!

방정식에 쓰이는 문자는 보통 알파벳 x로 쓰며, x는 그 값을 모르기
때문에 '아닐 미(未)', '알 지(知)'를 써서 미지수라고 해요.
방정식은 여러 종류로 나눌 수 있어요. 일차 방정식은 미지수 x의
최고 지수가 1인 방정식, 이차 방정식은 미지수 x의 최고 지수가 2
인 방정식을 말해요. 여기서 지수는 거듭제곱을 한 횟수를 나타내
는 문자나 숫자로, 어떤 수나 문자의 오른쪽 위에 덧붙여 쓴답니다.

■ **전항**(前앞 전 項목 항)
둘 이상의 항에서 앞쪽의 항
■ **후항**(後뒤 후 項)
둘 이상의 항에서 뒤쪽의 항
■ **내항**(內안 내 項)
비례식에서 안쪽에 있는 두 항
■ **외항**(外바깥 외 項)
비례식에서 양끝에 있는 두 항
■ **미지수**
(未아닐 미 知알 지 數셈 수)
방정식에서 구하려고 하는 수
나 그것을 나타내는 글자
■ **일차 방정식**
(一한 일 次차례 차 方程式)
미지수 x의 최고 지수가 1인 방
정식
■ **이차 방정식**
(二두 이 次方程式)
미지수 x의 최고 지수가 2인 방
정식
■ **지수**(指가리킬 지 數)
어떤 수나 문자의 오른쪽 위에
덧붙여 쓰여 그 거듭제곱을 한
횟수를 나타내는 문자나 숫자

춤추고 노래하는 음악극

연극에서는 배우가 나와 대사를 말하지요. 연극은 배우가 주어진 역할에 맞게 말과 행동을 보여 주는 무대 예술이에요. 그런데 뮤지컬에서는 배우가 악기 반주에 맞춰 노래를 불러요. 이처럼 연극에 음악이 결합된 것을 음악극이라고 해요.

여러 가지 음악극의 이름들

시대에 따라 유행하는 음악극이 달랐어요.

16세기에는 성경의 한 장면을 음악과 함께 표현한 오라토리오가 인기였지요. 17세기에는 칸타타가 인기였답니다. 악기 반주에 맞춰 성악가가 노래를 부르는 형태였죠.

그다음엔 음악을 중심으로 연극처럼 줄거리가 있어 대사를 노래로 표현한 형태의 오페라가 유행했어요.

요즘에는 음악, 노래, 무용이 결합된 뮤지컬이 큰 인기예요. 오페라처럼 독창, 합창이 있으나 줄거리는 대부분 말로 전달한다는 것이 차이예요.

우리나라의 음악극에는 판소리와 창극이 있어요. 판소리는 한 사람의 소리꾼이 고수의 북 장단에 맞추어 줄거리를 가진 긴 노래를 말

音 樂 劇
소리 음 풍류 악 연극 극

연극, 음악, 무용 등이 결합된 종합 무대 예술

■ 연극(演 멀리흐를 연 劇)
배우가 각본에 따라 어떤 사건이나 인물을 말과 동작으로 관객에게 보여 주는 무대 예술

■ 오라토리오
16세기 무렵에 로마에서 시작된 종교 음악

■ 칸타타
바로크 시대에 발전한 성악곡의 한 형식으로 악기 반주에 맞춰 성악가가 노래를 부르는 음악극

■ 오페라
음악을 중심으로 줄거리가 있어 대사를 노래로 표현하는 형태의 음악극

과 몸짓을 섞어 부르는 것이고, 창극은 여러 사람이 배역을 정해 소리와 극으로 나타낸 것이에요.

재미있는 이름의 음악의 유파

바로크 음악은 17세기부터 18세기 초까지 유행했던 서양 음악이에요. 당시 유행했던 건축 양식을 본떠 이름 붙인 것이죠.

18세기 말에는 하이든, 모차르트, 베토벤 등이 시민들을 대상으로 하면서 형식을 중요시하는 작품을 만들어요. 이것을 고전파 음악이라고 해요.

19세기 초반이 되면 형식적인 틀에서 벗어나 낭만적이고 화려한 음악들이 등장해요. 그래서 낭만파 음악이라고 하지요.

한편, 음악에 국민이나 민족의 정서를 담으려는 시도도 있었어요.

19세기 중엽부터 러시아, 보헤미아, 북유럽 등지의 음악가들은 그 지역에서 대대로 전해 내려온 리듬이나 전설, 민담 등을 표현하여 자신들의 국민 정서를 나타낸 음악을 만들었어요. 이를 국민악파 음악이라고 한답니다.

20세기 초에는 드뷔시처럼 사물에 대한 인상적인 면을 음악으로 표현하는 인상파 음악이 유행했답니다.

▮ 뮤지컬
음악·노래·무용을 결합한 것으로 미국에서 발달한 현대 음악극의 한 형식

▮ 판소리
소리꾼이 고수의 북 장단에 맞추어 이야기를 긴 노래와 말, 몸짓을 섞어 혼자 부르는 것

▮ 창극(唱노래 창 劇)
여러 사람이 배역을 정해 소리와 극으로 나타내는 음악극

▮ 바로크 음악(音樂)

▮ 고전파 음악(古옛 고 典법 전 派물갈래 파 音樂)

▮ 낭만파 음악(浪물결 낭 漫질펀할 만 派音樂)

▮ 국민악파 음악(國나라 국 民백성 민 樂派音樂)

▮ 인상파 음악
(印박힐 인 象모양 상 派音樂)

오라토리오 칸타타 오페라 뮤지컬

판소리 바로크음악 고전파음악

씨낱말
블록 맞추기

방
정
비 례 식

① **설명을 보고, 알맞은 낱말을 쓰세요.**

1) 어떤 두 개의 수 또는 양을 서로 비교하여
   몇 배인지를 나타내는 관계를 나타낸 식 → ☐☐☐

2) 어떤 문자가 특정한 값을 취할 때에만 성립
   하는 등식 → ☐☐☐

② **주어진 낱말을 넣어 문장을 완성하세요.**

1)
내
후 항

둘 이상의 항에서 뒤쪽의 항은 ☐☐ , 비례식에서 안쪽에
있는 항은 ☐☐ 이라고 해.

2)
부		
등	호	
호		

등식은 ☐☐ 를 중심으로 양쪽의 값이 서로 같은식,
부등식은 ☐☐☐ 를 중심으로 양쪽의 값이 서로
다른 식이야.

③ **문장에 어울리는 낱말을 골라 ○표 하세요.**

1) 어떤 문자가 특정한 값을 취할 때에만 성립하는 등식은 (방정식 / 비례
   식)이야.

2) 방정식에 사용되는 문자 x는 (미지수 / 지수)라고 불러.

④ **예문에 어울리는 낱말을 써 넣으세요. [수학]**

우리는 모르는 수를 '어떤 수'라 하고 그 이떤 수를 구하기 위해 식으로
나타내어 푼다. 그러나 어떤 수라는 말을 사용하여 문제를 만들거나 식
을 세우거나 풀면 문장 자체가 복잡해져서 불편하다. 따라서 어떤 수라는
말 대신 x(엑스)라는 문자를 사용한다. 이때 x를 ☐☐☐ 라고
한다. 예를 들어 '10에 어떤 수를 더한 값'은 식으로 '10+x'로 나타낸다.

비례식

방정식

등식

등호

부등식

부등호

전항

후항

내항

외항

미지수

일차 방정식

이차 방정식

지수

씨낱말 블록 맞추기

음 악 극 연

1 설명을 보고, 알맞은 낱말을 쓰세요.

배우가 대본과 주어진 역할에 맞게 말과 행동
을 보여 주는 무대 예술에 음악이 포함된 것을 →
이르는 것

☐ ☐ ☐

2 주어진 낱말을 넣어 문장을 완성하세요.

1)

	창
음 악	극

오페라나 뮤지컬처럼 무대 예술에 음악이 포함된 것을
☐☐☐이라 하고, 우리나라에는 ☐☐이
대표적이야.

2)

	고
	전
낭 만	파

18세기 서양에서 유행했던 음악으로 모차르트 등이
형식을 중요시해 작곡한 음악을 ☐☐☐ 음악이
라고 하고, 19세기 초반에 등장한 형식적인 틀에서 벗어
난 낭만석이고 화려한 음악을 ☐☐☐ 음악이라
고 해.

3)

오 페 라
라
토
리
오

음악을 중심으로 연극처럼 줄거리가 있어 대사를 노래로
표현했으며 사랑, 음모와 배신 등의 다양한 소재로 만들
어진 음악극을 ☐☐☐라고, 16세기 성경의 한 장면
을 음악과 함께 표현한 것을 ☐☐☐☐☐
라고 해.

3 문징에 어울리는 낱말을 골라 ○표 하세요.

1) 고수의 북장단에 맞춰 소리꾼이 (판소리 / 뮤지컬)의 한 대목을 멋지게
불렀어.

2) (인상파 / 낭만파) 음악은 사물에 대한 인상적인 면을 음악으로 표현했어.

음악극
연극
오라토리오
칸타타
오페라
뮤지컬
판소리
창극
바로크 음악
고전파 음악
낭만파 음악
국민악파 음악
인상파 음악

			3)					6)	
	1)				4)		7)		
2)				5)					
							9)		
		11)		8)					
					12)		13)		14)
10)									
								15)	

정답 ∣ 143쪽

🔑 가로 열쇠

1) 전화 등을 이용해 상대방을 속여 돈을 빼내는 금융 사기
2) 웃어른에게 안부를 여쭙는 일. "아침 ○○ 인사를 드리자."
5) 한 입으로 두말을 한다는 뜻의 사자성어
7) 입에서 입으로 전해짐. "콩쥐팥쥐는 ○○되어 내려온 전래 동화."
8) 미지수 x의 최고 지수가 1인 방정식
9) 둘 이상의 수나 식이 서로 같다는 것을 나타내는 기호
10) 고대 그리스 신화의 판도라가 열어 버린 금단의 상자
13) 16세기 말부터 18세기 유럽에서 유행했던 서양 음악 양식으로 당시 유행했던 건축 양식의 이름을 본따 ○○○ 음악
15) 컴퓨터 프로그램상의 잘못된 부분이나 인터넷 홈페이지의 보안 문제점을 찾아내어 악용을 막는 것을 뜻하는 말

🔑 세로 열쇠

1) 나랏일을 도와 백성을 편안하게 한다는 뜻의 사자성어
3) 조선 중기의 유학자이자 정치가로, 퇴계 이황과 함께 성리학을 발전시키는 데 큰 공을 세운 인물. 율곡 ○○
4) 1905년 러시아에서 열악한 환경에 항의하며 거리 행진을 하던 노동자들을 러시아 차르가 학살한 사건
6) 입이 있어도 말이 없다는 뜻으로, 변명할 말조차 없는 미안한 상황을 뜻하는 사자성어
11) 비록 가난하지만 마음을 편히 갖고 도를 즐긴다는 뜻의 사자성어
12) 사물에 대한 인상적인 면을 표현하는 ○○○ 음악
14) 나쁜 의도를 가지고 전산망에 침입하여 정보를 도둑질하고 망쳐 놓는 행위를 뜻하는 말

1 뜻이 비슷한 낱말끼리 짝 지어지지 <u>않은</u> 것은? (   )　　　국어능력인증시험형

① 교제 – 사귐　　　　　② 기반 – 기초　　　　　③ 백기 – 항복

④ 압정 – 폭정　　　　　⑤ 원고 – 피고

2 밑줄 친 부분을 가장 적절한 한자어로 대체한 것은? (   )　　　국어능력인증시험형

① <u>고령토</u>는 백자의 재료다. → 백수

② 지구와 축구공의 공통점은 <u>둥근 모양</u>이다. → 원형

③ 영수는 <u>그 지역에 원래 살고 있던 사람</u>이다. → 원어민

④ 어떤 <u>일의 바탕</u>을 닦는 것이 모든 일의 출발이다. → 백반

⑤ <u>나라를 다스리고자</u> 하는 자는 마음이 청정해야 한다. → 가정

3 밑줄 친 낱말의 뜻이 바르지 <u>않은</u> 것은? (   )　　　국어능력인증시험형

① 이걸 <u>표백</u>해 오거라. → 빨아서 희게 함

② <u>교차로</u>의 교통 정체가 심하다. → 학교 가는 길

③ 여기가 이 나라의 군사 <u>기지</u>다. → 활동의 근거지가 되는 곳

④ 깨어진 관계를 <u>복원</u>하는 게 급선무다. → 원래대로 회복함

⑤ <u>원탁</u>으로 둘러앉아 평등하게 회의하자. → 둥근 탁자

4 괄호 안의 한자가 바르지 <u>않은</u> 것은? (   )　　　KBS 한국어능력시험형

① 타원(原)형　　　　　② 교(交)향악단　　　　　③ 기(基)간 산업

④ 민주 정(政)치　　　　⑤ 백(白)일청천

5 밑줄 친 부분이 문맥상 적절하지 <u>않은</u> 것은? (   ) KBS 한국어능력시험형

① <u>친교</u>란 친하게 사귄다는 말이야.

② 집 지을 자리를 마련하는 걸 <u>터를 잡다</u>라고 해.

③ <u>백의종군</u>이란 벼슬 없이 싸움터에 나가는 걸 뜻해.

④ 어떤 일을 일으킨 근본이 되는 <u>원인</u>을 찾아보아라.

⑤ 우편물 관련 행정을 맡아보는 행정 기관이 <u>의정부</u>지.

6 〈보기〉의 빈칸에 들어갈 알맞은 낱말을 바르게 짝 지은 것은? (   ) 수학능력시험형

┌─〈보기〉───────────────────────────────────
│ ㉮ 은(는) 일상에서는 물건 등을 다른 사람에게 전하는 것이지만, 과학에서는 주로 자극·신호·
│ 동력 등이 다른 기관에 전하여지는 걸 말해요.
│ ㉯ 은(는) 일상에서는 소식과 같이 널리 퍼뜨린다는 뜻으로 쓰이지만, 과학에서는 파동이 공기나
│ 물속 등을 퍼져 가는 일을 말해요.
└───

① (가) – 전달 (나) – 파동   ② (가) – 전파 (나) – 전달

③ (가) – 전달 (나) – 전파   ④ (가) – 전파 (나) – 발생

⑤ (가) – 전달 (나) – 발생

7 문맥에 맞는 낱말을 <u>잘못</u> 선택한 것은? (   ) 수학능력시험형

① 여럿 가운데 한 개 한 개를 (<u>낱개</u> / 개성)라고 해.

② 윗사람의 뜻을 따르지 않는 것이 (거역 / <u>역순</u>)이지.

③ 비슷한 것을 근거로 미루어 생각하는 것이 (<u>유추</u> / 추론)이야.

④ 재능을 일러 주거나 가르쳐서 깨닫게 하는 게 (개발 / <u>계발</u>)이지.

⑤ (담판 / 평판)이란 말을 주고받아 옳고 그름을 판정하는 것이야.

8 〈보기〉의 빈칸에 들어갈 알맞은 낱말을 바르게 짝 지은 것은? (   )

〈보기〉
나누어서 홀로 쓰일 수 있는 말의 가장 작은 단위를 [(가)]라고 합니다. 말의 기본이 되는 가장 작은 낱말이지요. 일정한 분야에서 주로 사용하는 말은 [(나)]라고 하고, 익숙해진 말은 [(다)]예요. 관용구란 말과 비슷해요.

	(가)	(나)	(다)
①	숙어	단어	용어
②	단어	숙어	용어
③	숙어	용어	단어
④	단어	용어	숙어
⑤	용어	단어	숙어

9 한자와 그 뜻이 잘못 짝 지어진 것은? (   )

① 言 – 말   ② 飛 – 날다   ③ 逆 – 흐르다

④ 擴 – 넓히다   ⑤ 達 – 다다르다

10 〈보기〉의 밑줄 친 낱말을 한자로 바르게 쓰지 못한 것은? (   )

〈보기〉
말을 할 때에는 (가)어법에 맞게 말해야 해요. 어법은 말의 법칙이에요. 또 (나)어순에도 맞아야 해요. 어순은 말의 순서예요. 종헌이가 하늘이 새파랗다고 말했어요. 새파랗다는 (다)어감이 좋은 말이에요. 어감은 말의 느낌이에요. 종헌이의 어투는 정말 독특해요. (라)어투는 말투예요. 은주는 늘 차분한 (마)어조로 말해요. 어소는 말의 가락이에요.

① (가) 語法   ② (나) 語順   ③ (다) 語感

④ (라) 語套   ⑤ (마) 語造

⑪ 밑줄 친 부분과 같은 의미의 낱말이 <u>아닌</u> 것은? (　　)

① <u>어른을 뵈면 안부를 여쭙</u>도록 해라. → 문안

② 영희는 <u>몸을 보호</u>하는 일에 열심이다. → 보신

③ 철수는 <u>입냄새</u>가 심해 치료가 필요하다. → 구전

④ 모든 <u>살아 있는 목숨</u>이 평안하시길 빕니다. → 생명

⑤ 어떤 일에 대해 서로 <u>의견을 주고받고</u> 있다. → 의논

⑫ 밑줄 친 낱말의 뜻이 바르지 <u>않은</u> 것은? (　　)

① 회사와 노동자가 <u>쟁의</u> 중이다. → 여러 사람이 협력하여 의논함

② 영수는 <u>치명적</u> 사고에도 살아남았다. → 목숨을 위협할 지경에 이른

③ 상대에게 잘못하면 <u>미안</u>하다고 말한다. → 남에게 괴로움을 끼쳐 내 마음이 괴로움

④ 정부는 <u>보건</u> 정책을 재검토한다고 발표했다. → 건강을 지킴

⑤ 할머니는 <u>일구이언</u>하지 말라고 평소 말씀하셨다. → 한 입으로 두말을 하다

⑬ 〈보기〉의 빈칸에 들어갈 알맞은 낱말을 바르게 짝 지은 것은? (　　)

〈보기〉

이 말은 스페인어로 남자아이(혹은 아기 예수)라는 뜻인데, 적도 부근의 바닷물 수온이 올라가는 현상을 의미해요. (가) 가 발생하면 물고기들이 잘 잡히지 않을 뿐만 아니라 전 세계에 폭우와 한파 등 기상 이변을 일으켜요.

반면, 이 말은 스페인어로 여자아이를 뜻하는데, (나) 는 바닷물(동태평양)의 온도가 낮아져서 생기는 이상 기후 현상을 말한답니다.

① (가) – 엘리뇨 (나) – 쓰나미　　　② (가) – 라니냐 (나) – 엘리뇨

③ (가) – 엘리뇨 (나) – 쓰나미　　　④ (가) – 라니냐 (나) – 쓰나미

⑤ (가) – 엘리뇨 (나) – 라니냐

⑭ 밑줄 친 단어에 대한 설명이나 맥락이 적절하지 않은 것은? (   ) `KBS 한국어능력시험형`

① 식구는 같이 살면서 같은 밥을 먹는 가족을 뜻해.

② 어떤 것을 급격하게 근본적으로 바꾸는 것은 혁명이야.

③ 거북이와 학, 사슴은 십장생에 속해.

④ 오랜 습관을 유지하여 지키는 보수적인 관점 또한 소중하다.

⑤ 가난하나 마음을 편히 갖고 도를 즐기는 보국안민의 자세를 가져라.

⑮ 문맥에 맞는 어휘를 잘못 선택한 것은? (   ) `수학능력시험형`

① (등식 / 부등식)은 등호를 중심으로 양쪽 값이 같다.

② (서희 / 신돌석)은(는) 평민 출신으로 의병을 일으켜 큰 공을 세운다.

③ 고사리처럼 꽃이 피지 않는 식물은 (종자 / 포자)로 자손을 퍼뜨린다.

④ 멀리 있는 것을 크고 정확하게 보려면 (망원경 / 현미경)이 필요하다.

⑤ 해서는 안 되는 행동으로 좋지 않은 결과를 가져왔을 때, (에덴 / 판도라)의 상자를 열었다고
   한다.

⑯ 〈보기〉의 빈칸에 들어갈 알맞은 낱말을 바르게 짝 지은 것은? (   ) `수학능력시험형`

> ─〈보기〉─────────
> 17세기에는 (가) 이(가) 인기였답니다. 악기 반주에 맞춰 성악가가 노래를 부르는 형태였죠. 그다
> 음엔 음악을 중심으로 연극처럼 줄거리가 있어 대사를 노래로 표현한 형태의 음악극인 (나) 이(가)
> 만들어졌습니다. (나) 은(는) 사랑, 음모와 배신 등 다양한 소재로 만들어졌죠. 요즘에는 음악,
> 노래, 무용이 결합된 (다) 이(가) 큰 인기예요.

	(가)	(나)	(다)		(가)	(나)	(다)
①	오페리	칸타타	뮤지컬	②	칸타타	오페라	뮤지컬
③	오페라	뮤지컬	칸타타	④	칸타타	뮤지컬	오페라
⑤	뮤지컬	오페라	칸타타				

톡톡 문해력 인터뷰 **다음 인터뷰를 읽고, 문제를 풀어 보세요.**

어린이 기자: 셜록 홈스 씨, 반갑습니다. 인터뷰를 허락해 주셔서 감사합니다.

셜록 홈스: 저도 반갑습니다.

어린이 기자: 언제부터 탐정이 되고 싶다고 생각하셨나요?

셜록 홈스: 나는 어려서부터 과학을 좋아하고, 주변을 관찰하는 것을 재미있어 했습니다. 결정적
으로는 친구 아버지가 탐정이라는 직업을 권해서입니다.

어린이 기자: 탐정으로서 가장 기억에 남는 사건은 무엇인가요?

셜록 홈스: '바스커빌 가문의 사냥개' 사건이 가장 기억에 남습니다. 사람들은 괴물 같은 개가 가
문을 위협한다고 믿었지만, 나는 숨어 있는 진짜 이야기를 찾아냈습니다.

어린이 기자: 홈스 씨가 사건을 해결하는 방법은 무엇인가요?

셜록 홈스: 보잘것없어 보이는 작은 것들을 놓치지 않고 관찰하는 것입니다. 예를 들어 신발에 묻
은 흙, 옷에 묻은 얼룩, 사람들의 작은 행동 하나 하나를 관찰하고 이를 바탕으로 추리
하여 사건을 해결하는 것이죠.

어린이 기자: 마지막 질문입니다. 미래의 탐정에게 한 말씀 해 주십시오.

셜록 홈스: 관찰력과 호기심만 있다면 누구나 탐정이 될 수 있습니다.

어린이 기자: 감사합니다. 오늘 인터뷰가 미래 탐정들에게 큰 도움이 될 것입니다.

---

① **어린이 기자는 누구를 왜 인터뷰했나요?**

----

② **셜록 홈스가 가장 기억에 남는 사건은 무엇이라고 했나요?**

----

③ **셜록 홈스가 사건을 해결하는 방법은 무엇이라고 했나요?**

----

④ **셜록 홈스는 어떤 사람이 탐정이 될 수 있다고 했나요?**

톡톡 문해력 일기 다음 일기를 읽고, 문제를 풀어 보세요.

20○○년 ○월 ○일	날씨 : 매우 화창함

나는 오늘 아빠랑 프로 야구를 보러 갔다. 텔레비전에서 프로 야구를 본 적은 있었지만, 경기장에서 직접 보는 건 처음이라 무척 설렜다.

3회까지 내가 응원하는 팀의 타자는 아무도 안타를 치지 못했다. 4회가 되자 3번 타자가 드디어 안타를 쳤다. 사람들이 모두 자리에서 일어나 응원을 했다. 나도 벌떡 일어나 소리를 질렀다. 모두 함께 응원을 하니 정말 재미있었다. 하지만 아쉽게도 다음 타자가 안타를 치지 못해 점수를 내지 못했다. 8회까지 1 대 1로 경기는 팽팽했다.

8회 때, 상대편 투수가 '볼'을 넣었는데, 심판이 "스트라이크!"라고 소리쳤다. 그러자 우리 팀을 응원하던 사람들이 모두 일어나 "우우!" 하며 소리를 질렀다. 심판이 잘못 판정했다며 항의하는 거였다. 나도 일어서서 사람들을 따라서 "우우!" 하고 소리를 질렀다. 하지만 심판은 번복하지 않았고, 우리 편 타자는 아웃됐다.

9회 때 우리 팀은 계속 안타와 홈런을 연거푸 쳤다. 결국 우리 팀이 4 대 1로 이겼다. 아빠와 나는 승리의 기쁨을 함께 나누었다. 직접 야구장에서 응원을 하니 너무 재미있었다. 다음에도 야구장에 또 오고 싶다!

1 글쓴이는 아빠와 어디를 왜 갔나요?

----

2 글쓴이가 4회 때 자리에서 일어나 소리를 지른 까닭은?

----

3 밑줄 친 낱말을 이용해 짧은 글을 지어 보세요.

정답

1장 씨글자

圓 동글 원 | 10~11쪽

1. 圓
2. 1) 원판 2) 원무 3) 원숙 4) 원형 극장
3. 1) 원형 2) 원탁 3) 원만
4. 1) 원활 2) 원숙 3) 동심원
5. 원무
6. 1) 원주 2) 원각 3) 원통 4) 원불교

지	원	주	안	계
선	불	서	관	설
수	교	림	형	조
원	통	모	지	름
각	표	노	선	도

原 근원 원 | 16~17쪽

1. 原
2. 1) 원주민 2) 항원 3) 원인
3. 1) 원재료 / 원자재 2) 원동력 3) 어원
4. 1) 원료 2) 원자재 3) 원어민
5. 1) 원점 2) 복원 3) 원고
6. ②

基 기초 기 | 22~23쪽

1. 基
2. 1) 군사 기지 2) 화장터 3) 배움터
3. 1) 기초 2) 기반 3) 기간산업 4) 기지
4. 1) 기초 공사 2) 기간 요원 3) 기금
5. 1) 기점 2) 기반 3) 기금
6. ④

白 흴 백 | 28~29쪽

1. 白
2. 1) 백토 2) 표백제 3) 백록담
3. 1) 백호 2) 백자 3) 백발
4. 1) 백기 2) 백의민족 3) 백미
5. 1) 백토 2) 표백 3) 백열전구
6. ④

政 정사 정 | 34~35쪽

1. 政
2. 1) 정치인 / 정치가 2) 폭정 3) 삼정승 4) 입헌 정치
3. 1) 폭정 2) 선정 3) 왕정
4. 1) 국정 2) 참정권 3) 내정
5. ④
6. 수렴청정

交 오고 갈 교 | 40~41쪽

1. 交
2. 1) 교통로 2) 교체 3) 교신 4) 교자상
3. 1) 교배 2) 교우 3) 교섭
4. 1) 교차 2) 절교 3) 교대 4) 교체
5. 교통 정체
6. 1) 교통망 2) 교전 3) 교배 4) 교체

씨낱말

추측 | 46쪽

1. 추측
2. 1) 추정, 추이 2) 예측, 관측 3) 측정, 측량 4) 추천, 추진
3. 1) 추진 2) 추측 3) 추리

판단 | 47쪽

1. 판단
2. 1) 재판, 판사 2) 단언, 단념 3) 비판, 평판 4) 진단, 단행
3. 1) 평판 2) 단절 3) 담판

개발, 계발 | 52쪽

1. 개발
2. 1) 자발, 발표 2) 개업, 개교 3) 계몽, 계시
3. 1) 개발 2) 계시
4. ④

개별 | 53쪽

1. 개별
2. 1) 특별, 구별 2) 개개인, 개성 3) 별반, 별일 4) 개체, 낱개
3. 1) 개별 2) 별개 3) 차별

역설 | 58쪽

1. 역설
2. 1) 역설, 설명 2) 역모, 역적 3) 설득, 설득력 4) 거역, 반역
3. 1) 역풍 2) 역습 3) 연설 4) 설득

비약 | 59쪽

1. 비약
2. 1) 기초 2) 갈등 3) 맥락
3. 1) 영향 2) 파악 3) 갈등
4. ⑤

전달, 전파 | 64쪽

1. 1) 전달 2) 전파
2. 1) 흡수, 흡수 2) 장애, 장애 3) 부작용
3. 1) 자극 2) 적용 3) 흡수 4) 전달

확충 | 65쪽

1. 확충
2. 1) 확대, 확장 2) 확충, 보충 3) 충분, 충만 4) 충당, 충원
3. 1) 확성기 2) 충혈 3) 충족 4) 충실 5) 충원

언어 | 70쪽

1. 언어
2. 1) 언어, 국어 2) 언성, 언급 3) 격언, 부언 4) 어감, 어원
3. 1) 고언 2) 용어
4. ④

지명 | 71쪽

1. 지명
2. 1) 용산, 독산 2) 월계, 덕계 3) 온수, 석수
3. 1) 아산 2) 수원 3) 평택
4. ④

어휘 퍼즐 | 72쪽

독	재					태	백	산
판		외		관			의	
	절	교		측	정		종	
교				치			군	포
확	대	경		개	개	인		
성			개		성			
기	간	산	업			교	향	악	단
	섭					원	통		
						비			

2장 씨글자

議 의논할 의 ┃78~79쪽
1. 議
2. 1) 의논 2) 항의 3) 쟁의 4) 국회 의원
3. 1) 항의 2) 회의 3) 의회 4) 문의
4. 1) 의결 2) 제의 3) 건의
5. ②
6. 의안, 회의, 토의, 의결

口 입 구 ┃84~85쪽
1. 口
2. 1) 대구 2) 구령 3) 돌파구 4) 배출구
3. 1) 구전 2) 이구동성 3) 구미
4. 1) 비상구 2) 일구이언 3) 하구 4) 취구
5. 1) 구령 2) 내구 3) 구음
6. ③

保 지킬 보 ┃90~91쪽
1. 保
2. 1) 안보 2) 보육 3) 보전 4) 보존림
3. 1) 확보 2) 보안 3) 보장 4) 보육
4. 1) 보균자 2) 보호자 3) 보건소
5. 1) 보존림
   2) 보안관
   3) 보험
   4) 확보

호	신	성	각	종	보
유	보	금	장	이	안
환	화	존	대	문	관
보	리	폐	링	소	육
험	탕	수	하	확	보
오	총	목	안	관	경

6. 1) 눈 2) 손 3) 아이

安 편안할 안 ┃96~97쪽
1. 安
2. 1) 안타 2) 위안 3) 안락의자 4) 불안
3. 1) 안락의자 2) 안정 3) 안식처 4) 안빈낙도
4. 1) 불안 2) 안락사 3) 보국안민
5. ①
6. 안성맞춤

生 날 생 ┃102~103쪽
1. 生
2. 1) 생산 2) 생물학 3) 생방송 4) 수험생
3. 1) 생활 2) 생산 3) 생신 4) 난생
4. 1) 생기 2) 생방송 3) 수험생
5. 1) 생활 2) 생존 3) 야생
6. 1) 미생물 2) 갱생 3) 생성 4) 고생

命 목숨 명 ┃108~109쪽
1. 命
2. 1) 수명 2) 운명 3) 사명감 4) 명령서
3. 1) 인명 2) 수명 3) 명령 4) 생명
4. 1) 왕명 2) 사명감 3) 어명
5. ④
6. 1) 명명
   2) 무혈혁명
   3) 역성혁명
   4) 생명 공학
   5) 치명적

무	혈	혀	왕	천	수
후	시	소	반	상	의
소	역	빙	새	청	법
오	해	양	존	보	기
일	존	안	악	형	명
파	손	주	방	명	어
생	명	공	학	간	적
대	자	인	연	도	중

씨낱말

망원경, 현미경 ┃114쪽
1. 1) 현미경 2) 망원경
2. 1) 백엽상 2) 거중기 3) 접안렌즈 4) 용수철 저울
3. 1) 재물대 2) 지레 3) 망원경

원자 ┃115쪽
1. 원자
2. 1) 전자, 소립자 2) 원자핵, 원자력 3) 유전자, 유전 4) 종자, 포자
3. 1) 원자 2) 소립자 3) 유전자

해킹 ┃120쪽
1. 해킹
2. 1) 엘리뇨 2) 사이버 범죄 3) 크래커 4) 쓰나미
3. 1) 보이스 피싱 2) 크래커 3) 쓰나미

르네상스 ┃121쪽
1. 르네상스
2. 1) 피의 일요일 2) 금단의 열매 3) 장미 전쟁 4) 판도라의 상자
3. 1) 르네상스 2) 피의 일요일 3) 금단, 부흥

역사 인물 ㅅ~ㅇ ┃126쪽
1. 온조
2. 1) 신윤복 2) 신돌석 3) 안창호 4) 안중근 5) 서희
3. 1) 온조 2) 신돈 3) 외교 담판 4) 화랑

역사 인물 ㅇ ┃127쪽
1. 일연
2. 1) 유관순 2) 이황 3) 유득공
3. 1) 성리학 2) 별무반
4. 유관순

비례식, 방정식 ┃132쪽
1. 1) 비례식 2) 방정식
2. 1) 후항, 내항 2) 등호, 부등호
3. 1) 방정식 2) 미지수
4. 미지수

음악극, 연극 ┃133쪽
1. 음악극
2. 1) 음악극, 창극 2) 고전파, 낭만파 3) 오페라, 오라토리오
3. 1) 판소리 2) 인상파

어휘 퍼즐 ┃134쪽

			이		유	
보	이	스	피	싱	구	전
국			의		무	
문	안		일	구	이	언
민			요		등	호
	안		일	차	방	정	식
	빈					
	낙		인		바	르	크
판	도	라	의	상	자	래
					파	해	킹

종합 문제 ┃135~139쪽
1. ⑥ 2. ② 3. ④ 4. ① 5. ⑤ 6. ③ 7. ② 8. ④ 9. ③ 10. ⑤
11. ③ 12. ① 13. ⑤ 14. ⑤ 15. ⑤ 16. ②

문해력 문제 ┃140~141쪽
1. 셜록 홈스에게 탐정에 대해 알아보려고
2. 바스커빌 가문의 사냥개 사건
3. 보잘것없이 보이는 작은 것들을 관찰하는 것.
4. 관찰력과 호기심이 있는 사람

1. 야구장에 프로 야구 경기를 보기 위해 갔다.
2. 글쓴이가 응원하는 팀의 3번 타자가 안타를 쳐서
3. 예) 아울이는 자전거를 타러 가자고 했는데, 갑자기 자신의 말을 번복하고 축구를 하자고 우겼다.

집필위원

정춘수	권민희	송선경	이정희	신상희	황신영	황인찬	안바라
손지숙	김의경	황시원	송지혜	황현정	서예나	박선아	강지연
강유진	김보경	김보배	김윤철	김은선	김은행	김태연	김효정
박 경	박선경	박유상	박혜진	신상원	유리나	유정은	윤선희
이경란	이경수	이소영	이수미	이여신	이원진	이현정	이효진
정지윤	정진석	조고은	조희숙	최소영	최예정	최인수	한수정
홍유성	황윤정	황정안	황혜영	신호승			

문해력 잡는 초등 어휘력 D-4 단계

글 손지숙 황신영 송선경 김의경 이정희 신호승
그림 박종호
기획 개발 정춘수

1판 1쇄 인쇄 2025년 1월 16일
1판 1쇄 발행 2025년 1월 31일

펴낸이 김영곤 **펴낸곳** ㈜북이십일 아울북
프로젝트2팀 김은영 권정화 김지수 이은영 우경진 오지애 최윤아
아동마케팅팀 명인수 손용우 양슬기 이주은 최유성
영업팀 변유경 한충희 장철용 강경남 김도연 황성진
표지디자인 박지영 임민지

출판등록 2000년 5월 6일 제406-2003-061호
주소 (우 10881) 경기도 파주시 문발동 회동길 201
연락처 031-955-2100(대표) 031-955-2122(팩스)
홈페이지 www.book21.com

ISBN 979-11-7357-059-9
ISBN 979-11-7357-036-0 (세트)

• 제조자명 : ㈜북이십일	• 제조연월 : 2025. 01. 31.
• 주소 : 경기도 파주시 회동길 201(문발동)	• 제조국명 : 대한민국
• 전화번호 : 031-955-2100	• 사용연령 : 3세 이상 어린이 제품